Exotische Küche

Nepalesische Küche

Original Kochrezepte vom Dach der Welt

Mohamad Nader Asfahani

Der Autor und der Verlag bedanken sich bei allen, die sie mit Rezepten versorgt haben, damit dieses Buch auf dem deutschsprachigen Markt erscheinen konnte.

1. Auflage 1992, ….. 11. Auflage 2019

© Copyright by M. N. Asfahani Verlag / Hamburg / FRG

Alle Rechte vorbehalten, Nachdruck, auch auszugsweise, sowie Verbreitung durch Film, Funk und Fernsehen, durch fotomechanische Wiedergabe, Tonträger und Datenverarbeitungssysteme jeder Art nur mit schriftlicher Genehmigung des Verlages.

Titelbild: Gundula Wagner
Bearbeitung: Christina Khenkhar
Gestaltung, Herstellung und Satz:

Asfahani Verlag

Hausbrucher Straße 54 / D-21147 Hamburg
Federal Republic of Germany
Telefon (AB) 040 7967951 Fax 040 7967955
Email: info@asfahani.de
www.asfahani.de

ISBN 978-3-927459-95-3

Exotische Küche
Kochbücher aus dem Süden

☺ Alle Rezepte sind für 3 bis 4 Personen gedacht

Sachregister

Kurze Informationen

Vor– und Nachspeisen und Salate

Suppen

Reisgerichte

Gemüsegerichte

Geflügelgerichte

Fischgerichte

Fleischgerichte

Teigspeisen

Süßspeisen, Gebäck und Getränke

Soßen

Chutneys

Einlegen in Essig

Kurze Informationen

Gewürze (Masala) und Butterfett (Ghee/Ghiu)

Gewürze

In unserem Kochbuch verwenden wir Gewürze, die ohne Schwierigkeiten in Deutschland zu bekommen sind. Man bekommt die Zutaten in jedem indischen, arabischen oder afghanischen Laden und in manchen Supermärkten.
Die am meisten verwendeten Gewürze der Nepalesischen Küche sind:

Boksklee....................	Methi	Kümmelsamen...........	Jira
Chili............................	Khusani	Kurkuma....................	Besar
Ingwerwurzel..............	Aduwa	Mangopulver..............	Amchur
Ingwerpulver...............	Sutho	Safran........................	Kesar
Grüner Kardamom.......	Sukhume	Sesamkerne...............	Til
Schwarzer Kardamom	Alaichil	Zimt............................	Dalchini

Garam Masala:
Die Gewürzmischung besteht aus: Koriander, Zimt, Muskat, Pfeffer, Kümmel, Kardamom und Nelken.
Garam Masala wird nach einem bestimmten Rezept zusammengestellt.

Butterfett

Butterfett ist auch in Deutschland erhältlich. Es wird in indischen Geschäften unter dem Namen „ **Ghee/Ghiu** “ geführt. In arabischen Lebensmittelläden gibt es eine Butterfettsorte, die der indischen ähnelt. Sie wird unter der Bezeichnung „ **Samn Hamwi** “ geführt. Man kann auch das normale Butterfett (Butterschmalz) beim Kochen benutzen oder selbst Butter klären.
Zum Butterklären verwenden Sie ungesalzene Butter.

Butter klären

Zutaten:

100g ungesalzene Butter

So wird es gemacht:

☺ Butter in Würfel schneiden ➟ in einem Topf bei schwacher Hitze schmelzen ➟ vom Herd nehmen ➟ den Schaum abschöpfen und die klare Butter in eine Schüssel löffeln.
Der Bodensatz wird nicht mit der geklärten Butter gemischt.

❀❀❀❀❀❀❀❀❀❀❀

Chili

Wie man mit scharfem Chili umgeht

In Südostasien verwendet man beim Kochen viel scharfen Chili. Das können Europäer nicht vertragen, deshalb haben wir die Rezepte in diesem Buch etwas entschärft, ohne den Charakter der vielen Rezepte zu verändern.
Bevor Sie den Chili anfassen, ziehen Sie bitte Gummihandschuhe an. Damit wird verhindert, dass die ätherischen Öle bei Ihnen Augenbrennen und Hautjucken verursachen. Außerdem berühren Sie nicht Ihre Augen während des Arbeitens mit Chili.
Chili nur mit kaltem Wasser waschen. Heißes Wasser kann manchmal bei getrocknetem Chili Dämpfe entwickeln, die die Augen und die Schleimhäute reizen.

❀❀❀❀❀❀❀❀❀❀❀

Curry - Kazi/Tazkari

Das Wort **„Curry“** stammt von dem persischen Wort ***„Khordi“*** ab, das bedeutet Soße oder saftiges Fleisch. Dieses Wort ***„Khordi“*** stammt wiederum von ***„Khordan“*** ab. In deutscher Übersetzung bedeutet das Wort „Essen oder Trinken“.
Die Hauptgewürze jedes Currygerichts sind:

Kurkuma, getrockneter Koriander, Pfeffer, Nelkenpulver, Chilipulver, Ingwerwurzel und Knoblauch. In vielen Fällen werden Ingwerwurzel und Knoblauch mit etwas Salz in einem Mörser zu einer Paste verarbeitet.

❀❀❀❀❀❀❀❀❀❀

Jogurt /Dahi

Hausgemachter Jogurt

Für 1 Liter Jogurt benötigen Sie folgende Zutaten:

1 Liter Frischmilch
ca. 50 g Jogurt

☺ Milch in einem Topf kochen ➟ auf ca. 35°C abkühlen lassen ➟ etwas Milch zum Jogurt dazugeben und gut verrühren ➟ den mit etwas Milch verquilten Jogurt in die Milch hineingeben und umrühren ➟ Topf zudecken und in eine Decke einschlagen ➟ an einen warmen Platz stellen ➟ über Nacht stehen lassen (15 bis 17 Stunden)

!!! **Topf nicht schütteln** !!!

❀❀❀❀❀❀❀❀❀❀

Hausgemachter Quark

☺ Jogurt in einen wasserdurchlässigen Beutel geben ➟ Beutelöffnung mit einem Band zubinden und über eine Schüssel hängen ➟ über Nacht stehen lassen, bis das ganze Wasser aus dem Jogurt herausgetropft ist.

❀❀❀❀❀❀❀❀❀❀

Maße und Gewichte

In Nepal wird in der Küche mit normalen Maßen gearbeitet. Man braucht dafür keine Waage, stattdessen verwenden die meisten Nepalesen die Tasse als Maßeinheit. Da wir die Gerichte genau wie in Nepal wiedergeben, haben wir in unserem Buch auch die Tasse als Maßeinheit verwendet.

Flüssigkeit

1 Tasse entspricht ca.200 ml
1 Esslöffel entspricht ca.20 ml
1 Teelöffel entspricht ca.5 ml

Gewürze

Kräuter 1 Esslöffel ergibt ca. 5 g
Samen 1 Esslöffel ergibt ca. 8 g
Pulver 1 Esslöffel ergibt ca. 8 g
1 Teelöffel ergibt ca. 3 g

❀❀❀❀❀❀❀❀❀❀

Dämpfen ohne Dampfkochtopf

Einige Gerichte müssen gedämpft werden. Wer keinen Dampfkochtopf besitzt, kann die Gerichte auf zwei Arten dämpfen:

Abb. 1: In einen großen Topf ein großes und feuerfestes Keramikgefäß stellen ➡ eine Metallplatte darauf legen ➡ etwas Wasser in den Topf geben (ca. 5 cm hoch) ➡ die Zutaten, die zum Garen bestimmt sind, auf die Metallplatte legen ➡ Topf zudecken Wasser zum Kochen bringen ➡ kochen lassen, bis das Gericht gar ist.

Abb. 1

Man kann auch statt der Metallplatte ein Sieb verwenden.

!!! Vorsicht beim Entfernen des Deckels !!!

2) Abb. 2: Wasser in einen Topf geben (ca. 5 cm hoch) ➡ ein Geschirrtuch über die Öffnung spannen ➡ Zutaten darauf legen ➡ Topf zudecken ➡ Wasser zum Kochen bringen, bis die Zutaten gar sind.

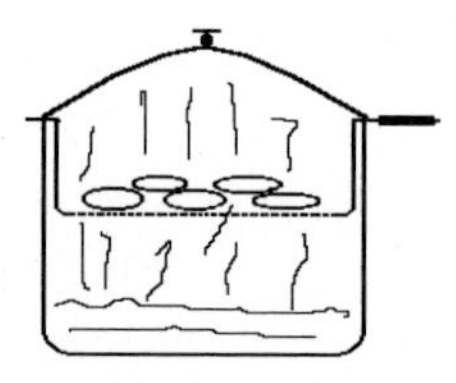
Abb. 2

!!! Vorsicht beim Entfernen des Deckels !!!

Vor- und Nachspeisen und Salate

Gebratene Auberginen
Bhanda Pakuda

Zutaten:

2 mittelgroße Auberginen
1 Teelöffel Ingwerpulver
1/2 Tasse Maismehl (Besan/Chana ko Pitho), bzw. Sojabohnenmehl oder Weizenmehl
je 1/4 Teelöffel Chilipulver und Pfeffer
1 Teelöffel Salz
Öl zum Braten

So wird es gemacht:

☺ Bohnenmehl, Ingwerpulver, Chilipulver, Pfeffer und Salz in eine Schale geben und gut vermischen ➟ Wasser dazugeben und zu einem weichen Teig verarbeiten.
☺ Auberginen in Streifen oder Ringe schneiden ➟ waschen und abtropfen lassen.
☺ Öl in einer Pfanne erhitzen ➟ die Auberginenscheiben in den Teig tauchen, im Öl von beiden Seiten braun braten ➟ heiß mit Brot oder Chutney servieren.

❀❀❀❀❀❀❀❀❀❀❀

Bratkartoffeln
Alu Schop / Alo Wo

Zutaten:

2 Tassen gekochte pürierte Kartoffeln
2 große Zwiebeln
1 Chilischote, gehackt
2 cm Ingwerwurzel, gehackt
2 Eier
1/2 Tasse Semmelmehl
je 1 Teelöffel Kümmelpulver und Salz
1 Esslöffel Koriander
Öl oder Butterfett (Ghee/Ghiu) zum Braten

So wird es gemacht:

☺ Kartoffelpüree, gehackte Zwiebeln, Ingwerwurzel, Chili, Kümmelpulver, Salz und Koriander mischen ➠ die Masse in kleine Teile teilen, dann zu runden Formen verarbeiten.
☺ Eier in eine Schale schlagen ➠ Semmelmehl dazugeben und gut mischen.
☺ Öl oder Butterfett in einer Pfanne erhitzen ➠ die fertig geformten Kartoffeln in die Eimasse tauchen und braun braten ➠ heiß mit Brot oder Chutney servieren.

❀❀❀❀❀❀❀❀❀❀

Fritierte grüne Bohnen
Mongi ko Bara / Mu Wa

Zutaten:

2 Tassen grüne Bohnen (Chhata)
1 Teelöffel Kümmelpulver und Salz
Öl oder Butterfett zum Braten

So wird es gemacht:

☺ Grüne Bohnen über Nacht in kaltem Wasser einweichen ➠ in ein Sieb geben und abtropfen lassen ➠ mit einer Küchenmaschine pürieren oder in einem Mörser zerstampfen ➠ Salz und Kümmel dazugeben und gut mischen ➠ zu kleinen Kugeln formen, dann flach drücken ➠ Öl oder Butterfett in einer Pfanne erhitzen ➠ Bohnenfladen von beiden Seiten braun braten ➠ heiß mit Brot oder Chutney servieren.

❀❀❀❀❀❀❀❀❀❀

Gebratene Sojabohnen
Musiaia Wo / Musia Bara

Zutaten:

1 Tasse frische Sojabohnen
je 1 Teelöffel Ingwerpulver und Salz
je 1/2 Teelöffel Kümmelpulver und Chilipulver
Öl oder Butterfett zum Braten

So wird es gemacht:

☺ Sojabohnen in einem Mörser zerstampfen oder mehrmals durch einen Fleischwolf drehen, bis eine dicke Masse entstanden ist ➠ Gewürze dazugeben und gut mischen ➠ die Masse zu kleinen Kugeln formen ➠ Öl oder Butterfett in einer Pfanne erhitzen ➠ Sojabohnenkugeln von allen Seiten braun braten ➠ heiß mit Brot oder Chutney servieren.

❀❀❀❀❀❀❀❀❀❀

Fritiertes Brot-Pauroti Schop

Zutaten:

5 große Kartoffeln, geschält und in kleine Würfel geschnitten (ca. 3 cm)
1 Zwiebel, gehackt
2 cm Ingwerwurzel, gehackt
3 Knoblauchzehen, mit etwas Salz zerdrückt
1/2 Bund Koriander, gewaschen und gehackt, oder 1 Esslöffel getrockneter Koriander
1 Esslöffel gehackte Pfefferminze
2 große Tomaten, gehackt
2 Esslöffel Butterfett (Ghee/Ghiu)
1/2 Tasse frische Erbsen
je 1/2 Teelöffel Zimt und Kurkuma
1 Teelöffel Salz
1/4 Teelöffel Pfeffer
eine Prise Chilipulver
8 Scheiben Fladenbrote (1 Tag alt) (siehe Seite 91)
Öl zum Braten

So wird es gemacht:

☺ Butterfett in einer Pfanne oder einem Topf erhitzen ➟ Zwiebeln, Knoblauchpaste, Ingwerwurzel, Kurkuma, Koriander und Pfefferminze dazugeben und braten, bis die Zwiebeln glasig sind ➟ Kartoffeln, Pfeffer, Chili, Zimt und Salz untermengen und braten, bis die Kartoffeln halb gar sind ➟ gehackte Tomaten und Erbsen dazugeben und gut mischen ➟ bei schwacher Hitze einem geschlossenem Topf köcheln lassen, bis das Gemüse gar und die Flüssigkeit verdampft ist (Tomatenflüssigkeit reicht meistens zum Garen, ansonsten Wasser dazugeben) ➟ vom Herd nehmen.

☺ Fladenbrote halbieren ➟ die einzelnen Scheiben in Wasser tauchen, dann das Wasser vorsichtig aus dem Brot pressen ➟ auf die eine Hälfte jeder Scheibe Füllung geben, dann die andere Hälfte umschlagen und die Ecken zusammendrücken ➟ Öl in einer Pfanne erhitzen und die gefüllten Brothälften von beiden Seiten braun braten ➟ mit Chutney servieren.

Gebratene Zwiebeln
Piaia Pakoda

Zutaten:

2 große Zwiebeln, in Ringe geschnitten
1 Chilischote, fein gehackt
2 bis 3 cm Ingwerwurzel, fein gehackt
1 Tasse Sojabohnenmehl oder Kichererbsenmehl (Besan)
je 1/2 Teelöffel Salz und Kümmelpulver
1 Teelöffel Butterfett (Ghee/Ghiu) oder Öl
etwas Wasser
Öl zum Braten

So wird es gemacht:

☺ Zwiebeln, Ingwerwurzel, Chili und Mehl vermischen ➟ Salz und Kümmel dazugeben und gut verkneten ➟ die Masse mit etwas Wasser beträufeln und zu einem festen Teig kneten ➟ 1 Esslöffel heißes Öl oder Butterfett dazugeben und verkneten ➟ den Teig zu kleinen Kugeln verarbeiten und in Öl braun braten ➟ mit Fladenbrot und Chutney servieren.

❀❀❀❀❀❀❀❀❀❀❀

Gekochte Sojabohnen
Bharmasch Usineko / Musiakachhe Mana

Zutaten:

2 Tassen frische ungeschälte Sojabohnen
2 Tassen Wasser
1 Teelöffel Salz
je 1/4 Teelöffel Pfeffer und Chilipulver
1 Esslöffel Zitronensaft
1 Tomate, Haut abgezogen, halbiert, Samen entfernt und gehackt

So wird es gemacht:

☺ Sojabohnen und Wasser in einen Topf geben ➟ aufkochen lassen ➟ Gewürze und Zitronensaft dazugeben ➟ bei schwacher Hitze köcheln lassen, bis die Bohnen fast gar sind ➟ Tomaten untermengen und kochen, bis die Bohnen gar sind ➟ mit Fladenbrot und Chutney servieren.

❀❀❀❀❀❀❀❀❀❀

Kartoffelfladen

Alu Tiki

Zutaten:

2 Tassen gekochte Kartoffeln, pürieren
1 Zwiebel, gehackt
1 Teelöffel Korianderpulver
1 Chilischote, fein gehackt, oder 1/4 Teelöffel Chilipulver
1/2 Teelöffel Zitronensaft
1 Knoblauchzehe, mit Salz zerdrückt
1 Esslöffel Mehl
1/2 Teelöffel Garam Masala
1/4 Teelöffel Kümmelsamen
Salz
Öl oder Butterfett zum Braten (Ghee/Ghiu)

So wird es gemacht:

☺ Alle Zutaten mischen ➟ zu Fladen verarbeiten ➟ Eier in einen tiefen Teller schlagen und die fertigen Fladen von beiden Seiten darin wenden ➟ Öl in einer Pfanne erhitzen ➟ Kartoffelfladen von beiden Seiten braun braten ➟ mit scharfer Soße servieren.

★ Soßen: Siehe Seite 113

❀❀❀❀❀❀❀❀❀❀

Gebratener Spinat

Zutaten:

2 Tassen Spinatblätter, gewaschen und grob gehackt
1 Chilischote, fein gehackt
1 Zwiebel, fein gehackt
1 Tasse Mehl aus grünen Bohnen, Sojabohnenmehl, Kichererbsenmehl oder normales Mehl
1/2 Tasse Wasser
je 1/2 Teelöffel Salz und Kümmelpulver
Öl zum Braten

So wird es gemacht:

☺ Mehl, Wasser, Chili, Zwiebeln, Salz und Kümmel zu einem festen Teig verarbeiten ➟ Spinat und einen Esslöffel heißes Öl dazugeben und verkneten ➟ Spinatteig zu kleinen Kugeln formen und in heißem Öl braten, bis sie Farbe annehmen ➟ mit scharfer Soße servieren.

❀❀❀❀❀❀❀❀❀❀

Gefüllte Pastete mit Fleisch

Zutaten:

2 Tassen Mehl, gesiebt
100 g Hackfleisch
1 Zwiebel, gehackt
1 Esslöffel gehackte Petersilie
1 Teelöffel Koriander
1 kleine Tomate, Haut abgezogen, halbiert, Samen entfernt und fein gehackt
je 1/4 Teelöffel Chili- und Paprikapulver
je 1/2 Teelöffel Ingwerpulver, Kümmelpulver und Garam Masala
1 Teelöffel Salz
1 Esslöffel Zitronensaft
evtl. 1 bis 2 Esslöffel frische Erbsen
Öl oder Butterfett (Ghee/Ghiu)

So wird es gemacht:

☺ Mehl mit 1/2 Teelöffel Salz, 1 bis 2 Esslöffeln zerlassenem Butterfett und Wasser zu einem glatten Teig verarbeiten ➠ ca. 1 Stunde beiseite stellen.

☺ Öl oder Butterfett in einer Pfanne erhitzen ➠ Zwiebeln dazugeben und glasig dünsten ➠ Hackfleisch untermengen und braun braten ➠ Tomaten, Petersilie, Erbsen, Zitronensaft und Gewürze dazugeben und gut mischen ➠ bei schwacher Hitze köcheln lassen, bis die Flüssigkeit (Tomatensaft) verdampft ist ➠ vom Herd nehmen und abkühlen lassen.

☺ Den fertigen Teig gut kneten und in Stücke teilen ➠ jedes Teil zu Bällen formen und zu flachen Fladen verarbeiten ➠ jeden Fladen halbieren ➠ auf die eine Hälfte Füllung geben und die andere Hälfte umschlagen, dann die Ecken zusammenpressen ➠ Öl oder Butterfett in einer Pfanne erhitzen und die fertig gefüllten Teigtaschen von beiden Seiten knusprig braten ➠ mit Soße oder Achar servieren.

✶ Man kann auch an Stelle von Fleisch Gemüse verwenden, z. B. Kartoffeln, Spinat, usw.

❀❀❀❀❀❀❀❀❀❀❀

Pfannkuchen
Schanko Pitoko

Zutaten:

1 Tasse Maismehl (Besan), Sojabohnenmehl oder Weizenmehl
1 Zwiebel, gehackt
1 Knoblauchzehe, gehackt
1 Chilischote, gehackt
1 Tasse Wasser
je 1/4 Teelöffel Salz und Ingwerpulver

So wird es gemacht:

☺ Mehl sieben ➠ Zwiebeln, Knoblauch, Chilischote, Salz und Ingwerpulver in einem Mörser zerstampfen und zum Mehl dazugeben ➟ gut mischen ➟ 1 Tasse Wasser hinzufügen und zu einem Teig verarbeiten ➟ Öl in einer Pfanne erhitzen ➟ den fertigen Teig löffelweise darin braten ➟ mit Achar servieren.

❀❀❀❀❀❀❀❀❀❀

Gewürz-Eier-Masala Dar Bhul

Zutaten:

4 hart gekochte Eier
1 Tasse Jogurt
1 Teelöffel getrockneter Koriander
Saft einer halben Zitrone
2 Esslöffel Butterfett (Ghee/Ghiu)
je 1/2 Teelöffel Chilipulver und Kümmelpulver
Samen einer Kardamomkapsel
Salz und Pfeffer

So wird es gemacht:

☺ Butterfett in einer Pfanne erhitzen ➟ alle Gewürze dazugeben und ca. eine Minute braten ➟ Zitronensaft und Jogurt vermischen und zur Gewürzmischung geben ➟ kurz köcheln lassen ➟ Eier dazugeben und gut in der Gewürzsoße wälzen ➟ kalt mit Brot oder Tomatenscheiben servieren.

❀❀❀❀❀❀❀❀❀❀

Eier-Omelett

Zutaten:

4 Eier, aufgeschlagen und verrührt
1 Zwiebel, gehackt
ca. 2 cm Ingwerwurzel
3 Knoblauchzehen, fein gehackt
2 Tomaten, gehackt
1/2 Teelöffel Chilipulver
je 1 Teelöffel Kurkuma und Kümmelpulver
1 Teelöffel Salz
Prise Pfeffer
Öl oder Butterfett

So wird es gemacht:

☺ 1 Esslöffel Wasser und Salz zum Ei geben und gut verrühren ➟ Butterfett oder Öl in einer Pfanne erhitzen ➟ aus dem Rührei zwei oder drei Omeletts braten ➟ aus der Pfanne nehmen und vierteln.

☺ Zwiebeln und Knoblauch in der Pfanne dünsten, bis die Zwiebeln glasig sind ➟ Tomaten und Gewürze untermengen ➟ 1/2 Esslöffel Wasser dazugeben und köcheln lassen, bis die Tomaten weich sind ➟ Omeletts untermengen und für weitere 4 bis 5 Minuten köcheln lassen ➟ heiß mit Brot oder Reis servieren.

❀❀❀❀❀❀❀❀❀❀❀

Variante 2

Zutaten:

5 bis 6 hart gekochte Eier, geschält
2 bis 3 Knoblauchzehen, fein gehackt
1 große Zwiebel, gehackt
1 Tomate, grob gehackt
2 cm Ingwerwurzel, gehackt
50 ml Jogurt
2 bis 3 Esslöffel Wasser
je 1/2 Teelöffel getrockneter Koriander, Kurkuma und Kümmelsamen
Butter, Butterfett oder Öl
Salz und Pfeffer

So wird es gemacht:

☺ Eier halbieren oder vierteln ➟ beiseite stellen ➟ Butterfett in einer Pfanne erhitzen ➟ Zwiebeln dazugeben und goldbraun braten ➟ Jogurt, Gewürze, Knoblauch und Tomaten untermengen und ca. 3 bis 4 Minuten kochen ➟ Wasser darüber geben und gut mischen ➟ Eierhälften in die Soße geben und für weitere 3 bis 4 Minuten köcheln lassen ➟ heiß mit Brot oder Reis servieren.

❀❀❀❀❀❀❀❀❀❀❀

Eiersalat

Bhulko Salad / Kheh Salad

Zutaten:

4 bis 5 hart gekochte Eier, mit einer Gabel zerkleinert
2 hart gekochte Eier, in dünne Streifen geschnitten
1 Esslöffel Zitronensaft
1 Teelöffel getrocknete Petersilie
Salz und Pfeffer

So wird es gemacht:

☺ Zerkleinerte Eier mit Zitronensaft, Salz, Pfeffer und Petersilie vermischen ➡ die Eierstreifen in die Eimasse geben und mischen ➡ auf einen Servierteller geben ➡ rundherum Salatblätter, Tomatenscheiben und Zwiebelringe verteilen und servieren.

❀❀❀❀❀❀❀❀❀❀❀

Fleisch-Salat

Masu Salad

Zutaten:

ca. 200 bis 250 g mageres Fleisch, in kleine Streifen geschnitten
3 Tassen verschiedene Gemüsearten:
  Kartoffeln, geschält und klein gewürfelt
  Erbsen
  Zwiebeln, hacken
  grüne Bohnen, klein geschnitten
  Kopfsalat, klein geschnitten
je 50 ml Essig und Wasser
Öl, Butterfett oder Butter
Salz und Pfeffer

So wird es gemacht:

☺ Fleischstücke in einem Topf mit Öl oder Butterfett knusprig braten ➟ Wasser, Essig, Gemüse, Salz und Pfeffer dazugeben und köcheln lassen, bis die Gemüsesorten gar sind ➟ in eine Servierschüssel geben ➟ kalt servieren.

❀❀❀❀❀❀❀❀❀❀❀

Gurken-Salat
Dhaniya / Kakrora Salad

Zutaten:

1 Gurke, in Scheiben geschnitten
2 große Tomaten, in Scheiben oder Streifen geschnitten
2 Zwiebeln, in Scheiben oder Streifen geschnitten
1 Chilischote, längs halbiert, entkernt und fein gehackt
1 Esslöffel gehackte Petersilie
25 ml Essig
75 ml Jogurt
Salz und Pfeffer

So wird es gemacht:

☺ Alle Zutaten mischen ➟ 1 Stunde stehen lassen, dann servieren.

❀❀❀❀❀❀❀❀❀❀❀

Gemüse-Salat
Misieko Tarkariko Salad

Zutaten:

1 Gurke, in kleine Stücke geschnitten
1 Kartoffel, gewürfelt und gekocht
2 Tomaten, zerkleinert
1 Zwiebel, gehackt
einige Salatblätter, zerkleinert
1/2 Tasse gekochte Erbsen
2 Esslöffel Petersilie

1/2 Teelöffel getrockneter Koriander
1 Chilischote, längs halbiert, entkernt und fein gehackt
Saft einer Zitrone
Salz und Pfeffer

So wird es gemacht:

☺ Alle Zutaten in eine Salatschüssel geben und gut mischen ➟ abschmecken und servieren.

❀❀❀❀❀❀❀❀❀❀

Jogurt mit Gurke
Kankroko Dahi

Zutaten:

1 Tasse Jogurt
1 Tasse Gurke, gewürfelte
1/2 Chilischote, fein gehackt
je 1/4 Teelöffel Salz, Paprikapulver, Kümmelpulver und getrockneten Koriander

So wird es gemacht:

☺ Jogurt in eine Schüssel geben und mit einem Schneebesen schaumig schlagen ➟ alle anderen Zutaten dazugeben und gut mischen ➟ kalt servieren.

❀❀❀❀❀❀❀❀❀❀

Gewürz-Jogurt
Masalako Dahi

Zutaten:

1 Tasse Jogurt
1/2 Knoblauchzehe, fein gehackt
je 1/4 Teelöffel Kurkuma, Chilipulver und getrockneten Koriander
1/2 Esslöffel Butterfett (Ghee/Ghiu)

So wird es gemacht:

☺ Knoblauch und Gewürze mit Butterfett 1 bis 2 Minuten dünsten ➟ Jogurt mit einem Schneebesen schlagen und zur Gewürzmischung geben ➟ ca. 2 Minuten kochen lassen ➟ kalt servieren.

❀❀❀❀❀❀❀❀❀❀❀❀

Auberginen mit Jogurt
Bhantako Raita

Zutaten:

1 mittelgroße Aubergine
2 Tassen Jogurt
1 bis 2 Zwiebeln, gehackt
1 Chilischote, längs halbiert, Samen entfernt und fein gehackt
je 1/4 Teelöffel Pfeffer, Kümmelsamen, Korianderpulver und Salz
1 Esslöffel gehackte Petersilie oder frischer Koriander
Butterfett (Ghee/Ghiu) oder Öl

So wird es gemacht:

☺ Die Aubergine mit Alufolie gut umhüllen und im vorgeheizten Backofen (200°C) ca. 20 bis 25 Minuten garen ➟ Schale abschaben und Aubergine mit einer Gabel zerkleinern.

☺ Butterfett oder Öl in einem Topf erhitzen ➟ Kümmelsamen rösten ➟ Zwiebeln und Chili untermengen ➟ glasig dünsten ➟ Auberginenpüree dazugeben und gut mischen ➟ vom Herd nehmen und abkühlen lassen.

☺ Jogurt weich schlagen ➟ Auberginenmischung dazugeben und untermengen ➟ mit gehackter Petersilie oder Koriander garnieren ➟ mit Brot oder Reis servieren.

❀❀❀❀❀❀❀❀❀❀❀❀

Zwiebeln mit Jogurt

Zutaten:

2 Tassen Jogurt
2 bis 3 Zwiebeln, fein gehackt
2 Tomaten, die Haut anritzen, mit kochendem Wasser überbrühen, Haut abziehen, Samen entfernen und fein hacken
1 bis 2 cm Ingwerwurzel, fein gehackt
1 Chilischote, längs halbiert, Samen entfernt und fein gehackt
Salz

So wird es gemacht:

☺ Jogurt weich schlagen ➟ alle anderen Zutaten dazugeben und gut verrühren ➟ kalt servieren.

❀❀❀❀❀❀❀❀❀❀❀

Süßkartoffeln mit Erdnüssen

Schakuhi Baran

Zutaten:

1 Tasse geschälte und klein gewürfelte Süßkartoffeln
1/2 Tasse grob gehackte Erdnüsse
1/4 Tasse brauner Zucker
1 Esslöffel Butterfett oder Butter

So wird es gemacht:

☺ Butterfett oder Butter bei schwacher Hitze zerlassen ➟ Kartoffeln dazugeben und langsam braten ➟ Erdnüsse und Zucker untermengen und weiterhin braten, bis alle Zutaten eine braune Farbe annehmen ➟ heiß servieren.

❀❀❀❀❀❀❀❀❀❀❀

Suppen-Surwa

Linsen-Suppe
Musur ko Surwa / Muso Kain

Zutaten:

1 Tasse Linsen
je 1 Tasse Wasser und Fleischbrühe
1 Zwiebel, gehackt
1 Esslöffel Tomatenmark, in Wasser aufgelöst
je 1/2 Teelöffel Kurkuma und Kümmelpulver
Butterfett (Ghee/Ghiu)
Salz und Pfeffer

So wird es gemacht:

☺ Linsen waschen und abtropfen lassen ➟ 1 Tasse Wasser, 1 Tasse Brühe und das aufgelöste Tomatenmark in einen Topf geben ➟ Linsen dazugeben und gar kochen ➟ Gewürze und Salz hineingeben ➟ abschmecken ➟ Butterfett in einer Pfanne erhitzen und die Zwiebeln goldbraun braten ➟ zur Suppe geben ➟ heiß servieren.

❁❁❁❁❁❁❁❁❁❁

Gemüse-Suppe
Tarkari ko Surwa

Zutaten:

2 Tassen Tomatensaft oder 2 Esslöffel Tomatenmark, in Wasser aufgelöst
1 Markknochen, daraus Brühe kochen
Salz und Pfeffer
2 Esslöffel Maismehl
verschiedene Gemüsesorten:
Kartoffeln, Blumenkohl, Erbsen, Bohnen, Sojabohnen

So wird es gemacht:

☺ Gemüse waschen und zerkleinern ➟ 2 Tassen Tomatensaft und 3 Tassen Brühe in einen Topf geben ➟ Gemüse dazugeben und zum Kochen bringen ➟ bei schwacher Hitze köcheln lassen, bis die Gemüsesorten gar sind ➟ salzen und pfeffern ➟ Maismehl in etwas Wasser auflösen und zu der Suppe geben ➟ heiß servieren.

❁❁❁❁❁❁❁❁❁❁

Tomaten-Suppe
Goldhedako Surwa

Zutaten:

2 Tassen Tomatensaft
5 Tassen Wasser
1 Tasse Langkornreis
1 Zwiebel, gehackt
Butterfett (Ghee/Ghiu)
Salz und Pfeffer

So wird es gemacht:

☺ Reis waschen und abtropfen lassen ➟ Reis und Wasser in einen Topf geben und gar kochen ➟ Zwiebeln im Butterfett goldbraun rösten und zum Reis geben ➟ mit Tomatensaft übergießen ➟ salzen und pfeffern ➟ ca. 10 Minuten köcheln lassen ➟ heiß servieren.

❁❁❁❁❁❁❁❁❁❁

Kartoffel-Suppe
Alu / Alo ko Surwa

Zutaten:

3 große Kartoffeln, geschält, gar gekocht und mit einer Gabel püriert
2 Tassen Milch
1 Zwiebel, gehackt
Butterfett (Ghee/Ghiu)
Salz und Pfeffer

So wird es gemacht:

☺ Zwiebeln im Butterfett glasig dünsten ➟ Kartoffelpüree dazugeben und gut mischen ➟ Milch in einen Topf geben und kochen ➟ Kartoffel-Zwiebelmischung dazugeben und umrühren ➟ salzen und pfeffern ➟ bei schwacher Hitze ca. 10 bis 15 Minuten köcheln lassen ➟ heiß servieren.

❁❁❁❁❁❁❁❁❁❁

Hähnchen-Suppe
Kurkuma ko Surwa

Zutaten:

1 Suppenhuhn, gewaschen
1 Tasse Milch
1 Esslöffel Maismehl
Salz und Pfeffer
Butterfett (Ghee/Ghiu)
2 Esslöffel gehackte Petersilie
1 Teelöffel getrockneter Koriander

So wird es gemacht:

☺ Suppenhuhn gar kochen ➟ aus der Brühe nehmen und zerlegen ➟ Hühnerfleisch zerkleinern ➟ Brühe durch ein Sieb gießen und in einen Topf geben ➟ zum Kochen bringen ➟ Hühnerfleisch und Milch dazugeben und ca. 15 Minuten köcheln lassen ➟ Mehl mit etwas Suppe verdünnen, zu der Suppe geben und gut mischen, abschmecken ➟ Butterfett in einer Pfanne erhitzen und die gehackte Petersilie und den Koriander darin dünsten ➟ über die Suppe geben und servieren.

❁❁❁❁❁❁❁❁❁❁

Reisgerichte

Grundrezept
Bhat / Bhuja / Ja

Zutaten:

1 Tasse Langkornreis
2 Tassen Wasser
1-2 Teelöffel Salz

So wird es gemacht:

☺ ➠ Reis mit kaltem Wasser waschen ➠ in ein Sieb geben und abtropfen lassen ➠ in einen Topf geben ➠ 2 Tassen kaltes Wasser hinzufügen ➠ salzen ➠ Topfdeckel in ein Geschirrtuch wickeln und den Topf damit zudecken ➠ kurz aufkochen ➠ bei schwacher Hitze 15-20 Minuten köcheln lassen, bis die Flüssigkeit verdampft ist und der Reis gar und trocken ist ➠ heiß mit einem Fleisch- oder Gemüsegericht servieren.

❂❂❂❂❂❂❂❂❂❂❂

Reis mit Linsen
Moboja

Zutaten:

1 Tasse Langkornreis, waschen, in ein Sieb geben und abgetropfen lassen
1/2 Tasse Linsen, gewaschen und abgetropft
2½ Tassen Wasser
2 cm Ingwerwurzel, gehackt
je 1/2 Teelöffel Kurkuma und Kümmelpulver
1 Teelöffel Salz

1 Esslöffel Butterfett (Ghee/Ghiu) oder Butter

So wird es gemacht:

☺ Reis, Linsen und Wasser in einen Topf geben ➟ Ingwerwurzel mit Salz und Kurkuma in einem Mörser zu einer Paste verarbeiten und zum Reis geben ➟ gut mischen ➟ Topfdeckel in ein Tuch hüllen und den Topf damit zudecken ➟ kurz aufkochen, dann bei schwacher Hitze köcheln lassen, bis die Flüssigkeit verdampft ist und die Linsen und der Reis trocken und gar werden ➟ Kurkuma, Kümmelpulver und Butterfett darüber geben und mit dem Inhalt des Topfes gut mischen ➟ heiß mit Gemüse servieren.

❂❂❂❂❂❂❂❂❂❂❂

Reis mit Gemüse

Tarkariko Pulau

Zutaten:

1 bis 11/2 Tassen Langkornreis, waschen, 30 Minuten in Wasser einweichen, in ein Sieb geben und abtropfen lassen
1/2 Tasse frische Erbsen
1 Handvoll grüne Bohnen, in feine Streifen oder Ringe geschnitten
1 Tasse zerkleinerter Blumenkohl
2 Zwiebeln, fein gehackt
1/2 Chilischote, fein gehackt
Samen von 3 grünen Kardamomkaspeln
einige schwarze Pfefferkörner
1 Teelöffel Kümmelsamen
1/4 Teelöffel Nelkenpulver
1/4 Teelöffel getrockneter Koriander
1-2 Teelöffel Salz
Butterfett (Ghee/Ghiu) oder Butter

So wird es gemacht:

☺ Butterfett in einem Topf erhitzen ➟ Zwiebeln dazugeben und dünsten, bis sie Farbe annehmen ➟ Gemüse und Gewürze dazugeben und gut mischen ➟ für einige Minuten braten ➟ Reis untermengen ➟ ca. 3 Tassen kochendes Wasser darüber geben (der Wasserspiegel muss ca. 2,5 cm über dem Inhalt sein) ➟ bei schwacher Hitze köcheln lassen, bis das Gemüse und der Reis trocken und gar sind.

❂❂❂❂❂❂❂❂❂❂

Gewürzreis
Sada Pulau

Zutaten:

1 Tasse Langkornreis, gewaschen, 10 Minuten in Wasser eingeweicht und im Sieb abgetropft
2 Tassen Wasser
1 Zwiebel, halbiert und in Streifen geschnitten
1 Knoblauchzehe, fein gehackt
2 cm Ingwerwurzel, fein gehackt
je 1/2 Teelöffel Zimt, Kümmelsamen, Chilipulver, Garam Masala und Kurkuma
1 Teelöffel Salz
Samen einer grünen Kardamomkapsel
Butterfett (Ghee/Ghiu) oder Butter

So wird es gemacht:

☺ Butterfett oder Butter in einem Topf erhitzen ➟ Hälfte der Zwiebeln und Knoblauch dazugeben und glasig dünsten ➟ die restlichen Zutaten untermengen und gut mischen ➟ Reis dazugeben und braten, bis der Reis hellbraune Farbe annimmt ➟ Wasser darüber gießen ➟ Topfdeckel mit einem Tuch umhüllen und den Topf damit zudecken ➟ kurz aufkochen lassen ➟ bei schwacher Hitze köcheln lassen, bis die Flüssigkeit verdampft ist und der Reis trocken und gar ist ➟ in eine Servierschüssel geben ➟ Butterfett in einer Pfanne erhitzen ➟ die restlichen Zwiebeln dazugeben und goldbraun rösten ➡ über den Reis geben und servieren.

✪✪✪✪✪✪✪✪✪✪✪

Reis mit Fleisch

Masu Pulau / Puka Ja

Zutaten:

1 Tasse Langkornreis, gewaschen und abgetropft
250 g mageres Fleisch, gewaschen abgetrocknet und in Streifen geschnitten, dann die Streifen in kleine Stücke geschnitten
1/4 Tasse Rosinen
1/4 Tasse Cashewnüsse und Erdnüsse
2 Nelken
Samen einer Kardamomkapsel
1 Teelöffel Salz
Butterfett (Ghee/Ghiu) oder Butter

So wird es gemacht:

☺ 2 Esslöffel Butterfett in einem Topf zerlassen ➡ Fleischstücke dazugeben und braten, bis sie Farbe annehmen ➡ salzen ➡ mit Wasser fast bedecken und gar kochen.

☺ In einem anderen Topf Butterfett zerlassen ➡ Nelken, Kardamomsamen und Nüsse dazugeben und rösten ➡ Reis, Fleisch, Salz und Rosinen untermengen und gut mischen ➡ Wasser darüber gießen (das Wasser muss ca. 2,5 cm über dem Reisgemisch sein) und umrühren ➡ Topfdeckel mit einem Tuch umhüllen und den Topf damit zudecken ➡ kurz aufkochen lassen, dann bei schwacher Hitze köcheln lassen, bis die Flüssigkeit verdampft und der Reis gar und trocken ist ➡ heiß servieren.

✪✪✪✪✪✪✪✪✪✪✪

Reis mit Fisch
Mascha Pulau

Zutaten:

500 g Fisch, gewaschen, abgetrocknet und in kleine Streifen geschnitten
2 Tassen Langkornreis, gewaschen und ca. 30 Minuten in Wasser eingeweicht
1 Zwiebel, fein gehackt
2 Zwiebeln, grob gehackt oder in Ringe geschnitten
2 Kartoffeln, gewürfelt
2 Knoblauchzehen, gehackt
2 cm Ingwerwurzel, gehackt
je 1 Teelöffel Korianderpulver, Kümmelsamen, und Garam Masala
1 Chilischote, fein gehackt
3 Tomaten, gehackt
1/2 Bund Koriander, Blätter gewaschen und gehackt oder 1 Esslöffel getrockneter Koriander
2 cm Zimtstange
Einige Pfefferkörner und Nelken
2 Kardamomkapseln, angeschnitten
2 Safranfäden und 1/4 Teelöffel Kurkuma in 1/2 Tasse Rosenwasser eingeweicht
Salz
Butterfett (Ghee/Ghiu) oder Butter

So wird es gemacht:

☺ Knoblauch, Ingwerwurzel, Garam Masala, Kümmelsamen und Korianderpulver mit ca. 1/2 Teelöffel Salz zerdrücken ➟ über die Fischstreifen geben und die Fischstreifen gut darin wälzen ➟ 10 Minuten stehen lassen.

☺ Butterfett oder Butter in einer Pfanne erhitzen ➟ Fischstreifen dazugeben und fast gar braten ➟ aus der Pfanne nehmen und beiseite stellen ➟ in denselben Pfanne Kartoffelwürfel und grob gehackte Zwiebeln braten ➟ Pfanne vom Herd nehmen und beiseite stellen.

☺ Butterfett oder Butter in einem Topf erhitzen ➟ fein gehackte Zwiebeln dazugeben und dünsten, bis sie Farbe annehmen ➟ Tomaten, Koriander und Salz untermengen ➟ Fischstreifen und Kartoffeln dazugeben ➟ ca. 1/2 Tasse Wasser darüber gießen ➟ bei schwacher Hitze köcheln lassen, bis die Fischstreifen gar sind und viel Wasser verdampft ist ➟ vom Herd nehmen und beiseite stellen.
☺ Reichlich Wasser in einem Topf zum Kochen bringen ➟ 1 Teelöffel Salz, Kardamomkapseln, Zimtstange, Nelken und Pfefferkörner dazugeben und umrühren ➟ Reis in ein Sieb geben und abtropfen lassen, danach in das kochende Wasser geben ➟ kochen lassen, bis der Reis halb gar ist ➟ Reis in ein Sieb geben und abtropfen lassen ➟ in demselben Topf 1 Esslöffel Butterfett oder Butter zerlassen ➟ Topfboden mit Kartoffelwürfeln bedecken ➟ darüber etwas Reis locker verteilen ➟ Fischgemisch mit Saft über den Reis geben ➟ den restlichen Reis verteilen ➟ Rosenwasser hinzufügen ➟ Topfdeckel in ein Tuch hüllen und damit den Topf zudecken ➟ bei schwacher Hitze 30 bis 40 Minuten köcheln lassen, bis der Reis gar und trocken ist ➟ heiß servieren.

❂❂❂❂❂❂❂❂❂❂❂

Gemüsegerichte

Spinat-Paluno / Pala Tarkari

Zutaten:

500 g Blattspinat (ca. 2 Tassen), gewaschen und gehackt
2 Knoblauchzehen, fein gehackt oder mit Salz zerdrückt
2 cm Ingwerwurzel, gehackt
je 1/2 Teelöffel Salz, Kümmel und Pfeffer oder Chilipulver
Öl oder Butterfett (Ghee/Ghiu)

So wird es gemacht:

☺ Öl oder Butterfett in einer Pfanne erhitzen ➟ Spinat dazugeben und dünsten ➟ Gewürze untermengen ➟ gut mischen ➟ nochmals einige Minuten dünsten ➟ mit Wasser bedecken ➟ ca. 10 Minuten bei schwacher Hitze köcheln lassen ➟ heiß servieren.

****

Spargelkürbis
Pharassi / Fassicho Tarkari

Zutaten:

2 große Spargelkürbisse (auch türkische Zucchini genannt)
Butterfett (Ghee/Ghiu) oder Öl
je 1/4 Teelöffel Salz oder Pfeffer
1/2 Teelöffel Bokskleesamen
je 1/4 Teelöffel Garam Masala und Kurkuma
1 Esslöffel gehackte Petersilie oder Koriander

So wird es gemacht:

☺ Spargelkürbisse waschen, Stielansätze abschneiden ➟ in

Scheiben oder Ringe schneiden, dann halbieren oder vierteln ➟ Butterfett oder Öl in einer Pfanne erhitzen ➟ Bokskleesamen dazugeben und rösten ➟ alle anderen Gewürze und den Spargelkürbis untermengen und dünsten, bis das Gemüse gar ist. Falls nötig, etwas Wasser hinzufügen ➟ mit Petersilie garnieren und heiß servieren.

****

Auberginen-Curry-Bhanta ko Kari / Tarkari

Zutaten:

2 kleine oder 1 große Aubergine, Stielansatz entfernt, in Scheiben geschnitten und geviertelt
2 Zwiebeln, gehackt
3 Tomaten, fein gehackt
1 große Kartoffel, geschält und gehackt
2 Knoblauchzehen, fein gehackt
2 Tassen Wasser
2 cm Ingwerwurzel, gehackt
Butterfett (Ghee/Ghiu) oder Öl
je 1/2 Teelöffel Currypulver, Kurkuma, Koriander, Garam Masala und Bokskleesamen
2 Esslöffel gehackte Petersilie oder Korianderblätter
Salz und Pfeffer

So wird es gemacht:

☺ Auberginenstücke für ca. 1 Stunde in Salzwasser legen ➟ waschen und abtropfen lassen, damit die bitteren Säfte heraustropfen können.

☺ Butterfett oder Öl in einem Topf oder einer tiefen Pfanne erhitzen ➟ Bokskleesamen, Knoblauch, Ingwerwurzel und Zwiebeln dazugeben und dünsten, bis sie Farbe annehmen ➟ Tomaten und die restlichen Gewürze untermengen und 5 Minuten köcheln lassen ➟ Kartoffeln und Auberginen dazugeben und für weitere 3 Minuten braten ➟ salzen und pfeffern ➟ Wasser darüber gießen ➟ Topf zudecken ➟ köcheln lassen, bis das Gemüse gar ist und eine dicke Soße entstanden ist ➟ mit gehackter Petersilie oder Koriander garnieren ➟ heiß mit Brot oder Reis servieren.

Gefüllte Auberginen

Bhare ko Bhanta / Bhanta Bharma

Zutaten:

6 kleine Auberginen, gewaschen
2 Zwiebeln, gehackt
3 Knoblauchzehen
ca 2,5 cm Ingwerwurzel, gehackt
1 Esslöffel gehackte Petersilie
je 1/2 Teelöffel Kurkuma und Korianderpulver
1/4 Teelöffel Chilipulver
1 Teelöffel Anissamen
Salz und Pfeffer
Öl oder Butterfett (Ghee/Ghiu)

So wird es gemacht:

☺ Zwiebeln, Knoblauchzehen, Ingwerpulver und alle anderen Gewürze in einem Mörser zu einer Paste verarbeiten.
☺ Auberginen der Länge nach mit einem scharfen Messer halbieren und die Früchte von der Schnittfläche her mit einem Löffel vorsichtig aushöhlen ➟ die ausgehöhlten Auberginen mit Gewürzpaste füllen.
☺ Butterfett oder Öl in einer Pfanne erhitzen und die gefüllten Auberginen von allen Seiten gar braten ➟ heiß mit Brot oder Reis servieren.

****

Auberginen-Püree
Bhanta ko Bhartha

Zutaten:

1 große Aubergine
1 Zwiebel, gehackt
1 bis 2 Tomaten, gehackt
1 Knoblauchzehe, mit Salz zerdrückt
1/2 Chilischote, fein gehackt
je 1/2 Teelöffel Kurkuma und Garam Masala
Salz
Petersilien- oder Korianderblätter
Öl oder Butterfett (Ghee/Ghiu)

So wird es gemacht:

☺ Auberginen waschen und abtrocknen ➟ mit Alufolie gut umhüllen und im vorgeheiztem Backofen (200 °C) ca. 30 Minuten garen ➟ Auberginenschale abschaben und das Auberginenfleisch mit einer Gabel zerkleinern.
☺ Butterfett oder Öl in einer Pfanne erhitzen ➟ Zwiebeln dazugeben und glasig dünsten ➟ Tomaten untermengen und so lange dünsten, bis viel Flüssigkeit verdampft ist ➟ Auberginen-Püree und Gewürze dazugeben, gut mischen und für ca. 10 Minuten bei schwacher Hitze köcheln lassen ➟ mit Petersilien- oder Korianderblättern garnieren ➟ heiß mit Brot oder Reis servieren.

****

Kartoffel-Curry-Alu Kari / Alo Tarkari

Zutaten:

500 g Kartoffeln
2 cm Ingwerwurzel, gehackt
1 Chilischote, fein gehackt
1 Knoblauchzehe, fein gehackt oder mit Salz zerdrückt
100 ml Jogurt
1/2 Teelöffel Kurkuma
Butterfett (Ghee/Ghiu) oder Öl
Salz und Pfeffer
2 Esslöffel gehackte Petersilie oder Korianderblätter

So wird es gemacht:

☺ Kartoffeln gar kochen ➟ Schalen entfernen und in kleine Würfel schneiden ➟ Butterfett oder Öl in einer Pfanne erhitzen ➟ Jogurt, Knoblauch, Kurkuma, Ingwerwurzel, und Chili dazugeben und für 1 bis 2 Minuten kochen ➟ Kartoffeln untermengen ➟ salzen und pfeffern ➟ Pfanne zudecken und für weitere 4 bis 5 Minuten köcheln lassen ➟ mit Petersilie oder Koriander garnieren ➟ heiß mit Brot oder Reis servieren.

****

Okra-Ratmoriia

Zutaten:

500 g frische Okraschoten oder getrocknete Okra (über Nacht in Wasser eingeweicht)
2 Zwiebeln, gehackt
ca. 2,5 cm Ingwerwurzel, gehackt
je 1/2 Teelöffel Salz, Petersiliensamen, Kümmel und Kurkuma
Butterfett (Ghee/Ghiu) oder Öl

So wird es gemacht:

☺ Okraschoten waschen und Ansätze abschneiden ➟ in kleine Ringe schneiden.

☺ Butterfett oder Öl in einem Topf erhitzen ➟ Zwiebeln hineingeben und glasig dünsten ➟ alle anderen Gewürze untermengen und kurz rösten ➟ Okraschoten dazugeben und gut mischen ➟ bei schwacher Hitze köcheln lassen, bis die Okra gar sind. Falls nötig, etwas Wasser darüber geben ➟ heiß mit Brot oder Reis servieren.

****

Gekochte Kartoffeln-Alu / Alo Dam

Zutaten:

500 g Kartoffeln
5 Tomaten, gehackt
3 Zwiebeln, gehackt
1/2 Tasse frische Erbsen
100 bis 150 ml Jogurt
2 Knoblauchzehen
ca. 2,5 cm Ingwerwurzel
je 1/2 Teelöffel Chilipulver, Garam Masala und Kurkuma
je 1 Teelöffel Salz, Kümmelsamen und Kardamomsamen
2 Esslöffel gehackter Koriander oder Petersilienblätter
3 Lorbeerblätter
Öl oder Butterfett (Ghee/Ghiu)

So wird es gemacht:

☺ Knoblauchzehen, Ingwerwurzel, Kümmelsamen und Kurkuma mit Salz in einem Mörser zu einer Paste verarbeiten.
☺ Kartoffeln fast gar kochen und pellen ➟ mit einer Gabel rundherum einstechen ➟ Öl oder Butterfett in einem Topf erhitzen ➟ Kardamomsamen und Lorbeerblätter hineingeben und rösten ➟ Knoblauchpaste dazugeben und für 1 bis 2 Minuten dünsten ➟ Tomaten und Erbsen untermengen und für weitere 5 Minuten dünsten ➟ Kartoffeln untermengen und braten, bis sie Farbe annehmen ➟ Jogurt darüber geben und mit Chilipulver bestreuen ➟ für weitere 4 bis 5 Minuten kochen ➟ in eine Schüssel geben ➟ mit Garam Masala und Korianderblättern garnieren ➟ heiß mit Brot oder Reis servieren.

****

Gebratene Kartoffeln
Alu / Alo Sukhe

Zutaten:

500 g Kartoffeln, geschält und geviertelt
2 Zwiebeln, gehackt
je 1/2 Teelöffel Kurkuma und Kümmelsamen
2 Esslöffel gehackte Petersilie oder Korianderblätter
Salz und Pfeffer
Butterfett (Ghee/Ghiu)

So wird es gemacht:

☺ Zwiebeln in heißem Butterfett dünsten ➟ alle anderen Zutaten dazugeben und gut mischen ➟ einige Minuten braten, dann bei schwacher Hitze kochen, bis die Kartoffeln gar sind ➟ salzen und pfeffern ➟ heiß servieren.

****

Kohlrabi
Gante Gobi / Giant Gobi

Zutaten:

1 bis 2 Kohlrabi, gechält und klein gewürfelt
4 Kartoffeln, geschält, gewaschen, klein gewürfelt und fast gar gekocht
2 Tomaten, gehackt
1 Zwiebel, gehackt
1 Knoblauchzehe und ca. 2 cm Ingwerwurzel mit Salz zerdrückt
je 1/4 Teelöffel Kümmelsamen, Kurkuma und Chili
Salz und Pfeffer
1 Esslöffel gehackte Petersilie oder Korianderblätter
Butterfett (Ghee/Ghiu) oder Öl

So wird es gemacht:

☺ Öl oder Butterfett in einer Pfanne erhitzen ➟ Zwiebeln dazugeben und glasig dünsten ➟ Kümmelsamen untermengen und rösten ➟ Kohlrabi, Kurkuma und Chilipulver dazugeben und gut mischen ➟ kochen, bis der Kohlrabi fast gar ist ➟ gekochte Kartoffeln und Knoblauchpaste untermengen ➟ kurz kochen lassen ➟ Tomaten dazugeben und gut mischen ➟ köcheln lassen, bis das Gemüse gar ist und eine dicke Soße entstanden ist. Falls nötig, etwas Wasser darüber gießen ➟ mit Petersilie oder Koriander garnieren ➟ heiß mit Brot oder Reis servieren.

****

Rüben

Salagam /Pwatecha

✳ Weiße Rüben werden wie im Kohlrabirezept verarbeitet. Der Unterschied beim Kochen ist, dass die Rüben klein geschnitten und in kochendem Wasser für ca. 3 Minuten gegart werden.

****

Rettich

Mulako

Zutaten:

500 g Rettich mit Blättern
Butterfett (Ghee/Ghiu) oder Öl
je 1/2 Teelöffel Chilipulver, Salz, Kurkuma und Petersiliensamen

So wird es gemacht:

☺ Rettiche waschen, schaben und klein schneiden (auch die grünen Blätter) ➟ in einen Topf geben ➟ mit Wasser bedecken und gar kochen ➟ in ein Sieb geben und abtropfen lassen, dann mit beiden Händen pressen ➟ Butterfett oder Öl in einer Pfanne erhitzen ➟ Petersiliensamen hineingeben und rösten ➟ alle anderen Zutaten und gepressten Rettich untermengen ➟ dünsten, bis das Wasser verdampft ist ➟ heiß mit Brot oder Reis servieren.

****

Rettich mit Maismehl

Zutaten:

1/2 Tasse Maismehl
2 große oder 4 kleine Rettiche, geschabt, gewaschen, klein geschnitten und ausgepresst
2 Zwiebeln, gehackt
je 1/2 Teelöffel Chilipulver, Kurkuma, Korianderpulver und Kümmelsamen
Salz und Pfeffer
Butterfett (Ghee/Ghiu) oder Öl

So wird es gemacht:

☺ Butterfett oder Öl in einer Pfanne erhitzen ➟ Kümmelsamen hineingeben und rösten ➟ alle anderen Zutaten untermengen und köcheln lassen, bis die Rettiche gar sind und das Wasser verdunstet ist ➟ Maismehl darüber geben und mit den Rettichen gut mischen ➟ einige Minuten köcheln lassen ➟ heiß mit Brot oder Reis servieren.

****

Sojabohnen-Curry
Bhatmasko Kari / Tarkari

Zutaten:

2 Tassen frische Sojabohnen
1 Tasse Wasser
1 Zwiebel, gehackt
1 Tomate, gehackt
2 Knoblauchzehen und 1 Stück Ingwerwurzel, mit Salz zerdrückt
2 cm Zimtstange, in einem Mörser zerkleinert
je 1/2 Teelöffel Chilipulver, Salz, Kümmelpulver und Kurkuma
Butterfett (Ghee/Ghiu) oder Öl
2 Esslöffel gehackte Kokosnuss

So wird es gemacht:

☺ Öl oder Butterfett in einer Pfanne erhitzen ➡ Zimt und Kurkuma hineingeben und rösten ➡ Zwiebeln und Knoblauch -Ingwerpaste dazugeben und dünsten, bis sie eine braune Farbe annehmen ➡ Sojabohnen untermengen und gut mischen ➡ Wasser darüber geben ➡ Pfanne zudecken ➡ 5 Minuten kochen lassen ➡ Gewürze und Salz hinzufügen und umrühren ➡ kochen, bis die Bohnen gar sind ➡ Tomaten untermengen und für einige Minuten köcheln lassen ➡ mit gehackter Kokosnuss garnieren.

****

Gemischtes Gemüse

Zutaten:

5 große Kartoffeln, geschält, gewaschen und klein gewürfelt
1/2 Tasse frische oder tief gefrorene Erbsen
1/2 Tasse Karotten, geschabt, gewaschen und in kleine Stücke geschnitten
1/2 Tasse gehackte Zwiebeln
1/2 Tasse zerkleinerter Blumenkohl
1 Tomate, gehackt
50 ml Öl
1 Chilischote, längs halbiert, entkernt und klein gehackt
2 Knoblauchzehen
3 cm Ingwerwurzel, gehackt
einige Lorbeerblätter
1 Teelöffel Salz
je 1/2 Teelöffel Kurkuma und Bokskleesamen
2 Tassen Wasser

So wird es gemacht:

☺ Knoblauch, Chilischoten und Ingwerwurzel mit Salz in einem Mörser zu einer Paste verarbeiten.

☺ Öl in einem Topf erhitzen ➟ Knoblauchpaste, Zwiebeln und Gewürze hineingeben und dünsten ➟ Gemüse untermengen und für einige Minuten braten ➟ Wasser darüber geben ➟ Topf zudecken ➟ kurz zum Kochen bringen ➟ bei schwacher Hitze köcheln lassen, bis das Gemüse gar ist und viel Flüssigkeit verdampft ist ➟ heiß mit Reis oder Brot servieren.

****

Spinat-Curry

Zutaten:

500 g Blattspinat, gewaschen, abgetropft und grob gehackt
2 Tomaten, gehackt
1 Kartoffel, geschält, gewaschen und klein gewürfelt
2 Knoblauchzehen, gehackt

2 cm Ingwerwurzel, gehackt
je 1/2 Teelöffel Kurkuma, Pfeffer oder Chilipulver und Kümmelsamen
Salz
Butterfett (Ghee/Ghiu) oder Öl

So wird es gemacht:

☺ Knoblauch und Ingwerwurzel mit Salz in einem Mörser zu einer Paste verarbeiten.
☺ 1 bis 2 Esslöffel Öl oder Butterfett in einem Topf erhitzen ➡ Kümmelsamen hineingeben und rösten ➡ Spinat dazugeben und dünsten ➡ Knoblauch-Ingwerpaste und Chilipulver darüber streuen und gut mischen ➡ Tomaten und Kartoffeln untermengen ➡ bei schwacher Hitze 15 bis 20 Minuten köcheln lassen, bis das Gemüse gar ist und die Flüssigkeit fast verdampft ist ➡ heiß servieren.

****

Kresse-Clamsur

Zutaten:

1 Tasse frische Kresse
1 Tasse Spinatblätter
2 cm Ingwerwurzel, fein gehackt
2 Esslöffel gehackte Petersilie
1/2 Chilischote, fein gehackt
1/4 Teelöffel Kurkuma
Salz und Pfeffer
Butterfett (Ghee/Ghiu) oder Öl

So wird es gemacht:

☺ Kresse und Spinat waschen, abtropfen lassen und grob hacken.
☺ 2 Esslöffel Öl in einer Pfanne erhitzen ➡ Petersilie, Kurkuma und Ingwerwurzel dazugeben und dünsten, bis sie Farbe annehmen ➡ Kresse und Spinat untermengen ➡ salzen und pfeffern ➡ gut mischen ➡ Pfanne zudecken und bei schwacher Hitze ca. 15 Minuten garen ➡ heiß servieren.

Junge Bambustriebe
Tamako Kari / Tarkari

Zutaten:

2 Zwiebeln, gehackt
1 Tasse Bohnen (nach Belieben), über Nacht in Wasser eingeweicht, abgetropft und gar gekocht
5 bis 6 Kartoffeln, geschält, gewaschen und klein gewürfelt
1/2 Tasse junge Bambustriebe, zerkleinern
je 1/2 Teelöffel Kurkuma, Kümmelsamen, Koriander und Salz
1/2 Chilischote
Butterfett (Ghee/Ghiu) oder Öl

So wird es gemacht:

☺ Ingwerwurzel, Kümmelsamen, Chili und Kurkuma in einem Mörser zu einer Paste verarbeiten.
☺ Öl oder Butterfett in einem Topf oder einer tiefen Pfanne erhitzen ➙ zerkleinerte Bambustriebe hineingeben und braun braten ➙ aus dem Topf nehmen und zur Seite stellen.
☺ Zwiebeln im selben Topf glasig dünsten ➙ Ingwerpaste untermengen ➙ Kartoffeln dazugeben und braten, bis sie Farbe annehmen und fast gar sind ➙ Bohnen und Koriander untermengen und für einige Minuten braten ➙ etwas Wasser dazugeben ➙ wenn das Wasser anfängt zu kochen, Bambustriebe dazugeben ➙ Topf zudecken und bei schwacher Hitze einige Minuten köcheln lassen ➙ heiß servieren.
✳ Meistens sind die Bambustriebe beim Gemüsehändler für den Endverbrauch fertig gegoren. Ansonsten muss man die Triebe zerkleinern und einige Tage zum Gären stehen lassen, dann zum Kochen verwenden.

✳✳✳✳✳✳✳✳✳✳

Erbsenbällchen
Kerauko Kari / Tarkari

Zutaten:

3 Tassen frische oder tief gefrorene Erbsen
3 bis 4 Tomaten, halbiert, entkernt und gehackt
2 Zwiebeln, gehackt
ca. 1/2 Tasse Mais- oder Sojamehl
3 Tassen Wasser
2 bis 3 Knoblauchzehen
3 cm Ingwerwurzel, gehackt
1/2 Chilischote, gehackt
je 1 Teelöffel Kardamompulver, getrockneter Koriander und Kümmelpulver
je 1/2 Teelöffel Kurkuma und Nelkenpulver
1 Teelöffel Salz
Gehackte Petersilie oder Koriander
Butterfett (Ghee/Ghiu) oder Öl

So wird es gemacht:

☺ Knoblauchzehen, Ingwerwurzel, Chilischote, Kardamom, Koriander, Kurkuma und Kümmel mit etwas Salz in einem Mörser zu einer Paste verarbeiten.
☺ Erbsen waschen, abtropfen lassen und mit einer Küchenmaschine oder in einem Mörser zu Püree verarbeiten ➟ zu kleinen Kugeln formen oder flach drücken ➟ in Mehl wenden und braten, bis sie Farbe annehmen.
☺ Öl in einem Topf erhitzen ➟ Zwiebeln hineingeben und glasig dünsten ➟ Knoblauchpaste und Gewürze dazugeben und kurz braten ➟ Tomaten untermengen, gut mischen und dünsten, bis viel Flüssigkeit verdampft ist ➟ Wasser darüber gießen ➟ salzen ➟ zum Kochen bringen ➟ Erbsenbällchen dazugeben und 7 bis 10 Minuten köcheln lassen, bis die Erbsenbällchen gar sind ➟ in eine Schale geben ➟ mit Petersilie oder Koriander garnieren und heiß servieren.

****

Spargel-Curry
Kurio Kari / Tarkari

Zutaten:

250 g Spargel
4 Tomaten, geschält, gewaschen und klein gewürfelt
3 bis 4 Kartoffeln, geschält, gewaschen und klein gewürfelt
2 Knoblauchzehen
2 cm Ingwerwurzel, gehackt
je 1/4 Teelöffel Bokskleesamen, getrockneter Koriander und Kurkuma
Butterfett (Ghee/Ghiu) oder Öl
Salz und Pfeffer

So wird es gemacht:

☺ Knoblauchzehen, Ingwerwurzel und Gewürze mit etwas Salz in einem Mörser zu einer Paste verarbeiten.
☺ Spargel waschen, abtropfen lassen und in kleine Stücke schneiden (ca. 4 cm).
☺ Öl oder Butterfett in einem Topf erhitzen ➟ Zwiebeln dazugeben und glasig dünsten ➟ Knoblauchpaste untermengen und kurz dünsten ➟ Tomaten dazugeben ➟ gut mischen ➟ köcheln lassen, bis viel Flüssigkeit verdampft ist ➟ Spargel und Kartoffeln untermengen ➟ Topf zudecken und köcheln lassen, bis das Gemüse gar ist ➟ Falls nötig, etwas Wasser darüber geben ➟ heiß servieren.

****

Gebackene Bohnen
Bodiko Tarkari

Zutaten:

1 Tasse Bohnen, über Nacht in Wasser eingeweicht, gewaschen und abgetropft
2 Zwiebeln, gehackt
2 Knoblauchzehen
3 Tomaten, gehackt
3 milde Peperoni
1/2 Chilischote, gehackt
3 Nelken
je 1/2 Teelöffel Kurkuma, getrockneten Koriander, Ingwerpulver und Garam Masala
2 Lorbeerblätter
Salz
Butterfett (Ghee/Ghiu) oder Öl
Gehackte Petersilie oder Koriander

So wird es gemacht:

☺ Zwiebeln, Knoblauch, Chili, Koriander, Kurkuma, Ingwerpulver und Garam Masala vermischen und zu einer Paste verarbeiten ➡ Öl oder Butterfett in einem Topf zerlassen ➡ Lorbeerblätter, Peperoni und Nelken dazugeben und dünsten, bis die Peperoni Farbe annehmen ➡ Gewürzpaste untermengen und kurz dünsten ➡ Tomaten dazugeben und einige Minuten dünsten ➡ ca. 2 Tassen Wasser darüber geben ➡ gut mischen ➡ Bohnen dazugeben ➡ kurz zum Kochen bringen ➡ Topf zudecken und bei schwacher Hitze köcheln lassen, bis die Bohnen gar sind und eine dicke Soße entstanden ist ➡ mit Petersilie oder Koriander garnieren und heiß servieren.

****

Weißkohl mit Kartoffeln

Alu / Alo Banda

Zutaten:

150 g Kartoffeln, geschält, gewaschen und klein gewürfelt
ca. 2 Tassen zerkleinerten Weißkohl, gewaschen und abgetropft
3 Tomaten, gehackt
3 Zwiebeln, gehackt
3 cm Ingwerwurzel fein gehackt
2 Knoblauchzehen, fein gehackt
je 1/2 Teelöffel Kurkuma und Bokskleesamen
je 1/4 Teelöffel Garam Masala, getrockneter Koriander und Nelkenpulver
Salz
Butterfett (Ghee/Ghiu) oder Öl
Gehackte Petersilie oder Koriander

So wird es gemacht:

☺ Butterfett oder Öl in einem Topf erhitzen ➡ Bokskleesamen hineingeben und rösten, bis die Samen eine dunkle Farbe annehmen ➡ Kurkuma dazugeben und mischen ➡ Gewürze dazugeben und gut mischen ➡ Knoblauch, Ingwerwurzel und Zwiebeln untermengen und dünsten, bis die Zwiebeln glasig sind ➡ Tomaten darüber geben und gut mischen ➡ köcheln lassen, bis die Flüssigkeit fast verdampft ist ➡ Kartoffeln und Weißkohl untermengen ➡ Topf zudecken ➡ bei schwacher Hitze köcheln lassen, bis das Gemüse gar ist und eine dicke Soße entstanden ist ➡ falls nötig, etwas Wasser hinzufügen ➡ mit Petersilie oder Koriander garnieren und servieren.

****

Gefüllte Tomaten
Bhare ko Golbeheda

Zutaten:

8 bis 9 große Tomaten
5 bis 6 Kartoffeln, geschält, gewaschen, gar gekocht und püriert
1/2 Tasse Erben, gekocht und püriert
2 kleine Zwiebeln, gehackt
1 Knoblauchzehe, fein gehackt
2 cm Ingwerwurzel, fein gehackt
je 1/2 Teelöffel Garam Masala und Kümmel
1/4 Teelöffel Zimt und getrockneter Koriander
Salz
Pfeffer oder Chilipulver
Butterfett (Ghee/Ghiu) oder Öl

So wird es gemacht:

☺ Öl in einem Topf oder einer Pfanne erhitzen ➟ Zwiebeln glasig dünsten ➟ Kümmelsamen, Knoblauch und Ingwerwurzel untermengen und kurz dünsten ➟ alle anderen Zutaten dazugeben ➟ gut mischen und für ca. 3 Minuten kochen.

☺ Tomaten waschen und abtrocknen ➟ den oberen Teil jeder Tomate als Deckel abschneiden ➟ Tomatenfleisch und Samen vorsichtig mit Hilfe eines Löffels herausnehmen ➟ die vorbereitete Füllung in die ausgehöhlten Tomaten geben ➟ mit dem Tomatendeckel zudecken ➟ damit der Deckel beim Kochen nicht verrutscht, ein Holz- oder Metallstäbchen durch den Deckel stechen ➟ die gefüllten Tomaten mit dem Deckel nach oben in eine Auflaufform legen ➟ im vorgeheizten Backofen (250 °C) 10 bis 15 Minuten garen ➟ falls nötig etwas Wasser hinzufügen ➟ heiß mit Reis oder Brot servieren.

****

Gefüllte Paprikaschoten

Bhareko Dhulo Khursani / Bharuwa Malta

Zutaten:

1 Karotte, klein gewürfelt
Einige grüne Bohnen, klein geschnitten
1 Zwiebel, gehackt
4 bis 5 grüne Paprikaschoten
1 Kartoffel, klein gewürfelt
2 bis 3 Esslöffel Erbsen
2 Knoblauchzehen, fein gehackt
2 cm Ingwerwurzel, fein gehackt
je 1/4 Teelöffel getrockneter Koriander, Garam Masala, Pfeffer oder Chilipulver, Zimt und Kurkuma
Butterfett (Ghee/Ghiu) oder Öl

So wird es gemacht:

☺ Paprikaschoten waschen, abtrocknen und rund um die Stielansätze Deckel schneiden ➟ mit einem Löffel aushöhlen.
☺ Öl oder Butterfett in einem Topf erhitzen ➟ alle Zutaten hineingeben und gut mischen ➟ braten, bis das Gemüse Farbe annimmt ➟ mit Wasser bedecken und gar kochen ➟ in ein Sieb geben und abtropfen lassen ➟ Füllung abkühlen lassen und die Paprikaschoten damit füllen ➟ mit dem Paprikaschotendeckel zudecken ➟ ein Holz- oder Metallstäbchen durch den Deckel stechen, damit er beim Kochen nicht verrutscht ➟ Öl in einem Topf oder einer Pfanne erhitzen ➟ gefüllte Paprikaschoten mit dem Deckel nach oben in den Topf legen ➟ evtl. etwas Wasser über die Paprikaschoten geben ➟ Topf zudecken und bei schwacher Hitze köcheln lassen, bis das Gemüse gar ist ➟ heiß mit Brot oder Reis servieren.

****

Gefüllte Weißkohlblätter

Zutaten:

1 kleiner Weißkohlkopf
2 große Tomaten, gehackt
2 Zwiebeln, gehackt
je 1/4 Tasse Erbsen und zerkleinerte grüne Bohnen
2 bis 3 Knoblauchzehen, fein gehackt
2 cm Ingwerwurzel, gehackt
1/2 Chilischote, fein gehackt
je 1/2 Teelöffel getrockneter Koriander, Kurkuma, Garam Masala und Salz
Butterfett (Ghee/Ghiu) oder Öl

So wird es gemacht:

☺ Den Weißkohl in kochendes Wasser geben ➡ 10 bis 15 Minuten kochen, damit die Blätter leichter gelöst werden können ➡ Blätter lösen ➡ harte Blattrippen abschneiden ➡ Blätter zur Seite legen.
☺ Öl oder Butterfett in einem Topf erhitzen ➡ Zwiebeln, Ingwerwurzel und Knoblauch dazugeben und für einige Minuten dünsten ➡ alle anderen Zutaten, außer den Tomaten, dazugeben und gut mischen ➡ dünsten, bis die Bohnen und die Erbsen weich sind ➡ vom Herd nehmen und abkühlen lassen ➡ Weißkohlblätter mit der rauhen Seite nach oben auf die Arbeitsfläche legen ➡ auf jedes Blatt 1-2 Esslöffel Füllung geben ➡ untere Ecken nach innen schlagen, dann die Seiten in Richtung Blattspitze aufrollen.
☺ Wenn die Blätter gefüllt und gerollt sind, bindet man jede Rolle mit einem Faden zusammen. Dadurch wird verhindert, dass die Füllung beim Kochen herausläuft.
☺ Tomaten in einem Topf mit Öl dünsten ➡ ca. 1 Tasse Wasser darüber geben ➡ gefüllte Weißkohlblätter in der Topf legen und fast mit Wasser bedecken ➡ Topf zudecken und bei schwacher Hitze ca. 15 Minuten kochen ➡ heiß mit Brot oder Reis servieren.

****

Breite Bohnen mit Kartoffeln

Alu / Alo Ra Bakula

Zutaten:

5 bis 6 Kartoffeln, geschält, gewaschen und klein gewürfelt
250 g frische breite Bohnen, mit kochendem Wasser überbrüht und die Schalen entfernt
je 1/4 Teelöffel Chilipulver, Salz, getrockneten Koriander und Kümmelsamen
Butterfett (Ghee/Ghiu) oder Öl

So wird es gemacht:

☺ Öl oder Butterfett in einem Topf oder einer Pfanne erhitzen ➟ Kümmelsamen hineingeben und rösten ➟ Kartoffeln, Bohnen und Gewürze dazugeben und gut mischen ➟ braten, bis das Gemüse weich ist ➟ etwas Wasser darübergeben, damit das Gemüse gar wird ➟ heiß mit Brot oder Reis servieren.

****

Kleine gelbe Bohnen

Mong / Mongi Ko Schatako Dal

Zutaten:

1 Tasse getrocknete kleine gelbe Bohnen (Mung oder Moong Dal)
1 Zwiebel, gehackt
1 bis 2 Knoblauchzehen, fein gehackt
2 cm Ingwerwurzel, fein gehackt
je 1/2 Teelöffel Salz, Kümmelsamen und getrockneter Koriander
Öl oder Butterfett (Ghee/Ghiu)

So wird es gemacht:

☺ Bohnen waschen und ca. 2 Stunden in Wasser einweichen ➠ in ca. 2 Tassen Salzwasser gar kochen ➠ während des Kochens Öl oder Butterfett in einer Pfanne erhitzen ➠ Zwiebeln, Knoblauch und Ingwerwurzel dünsten, bis sie eine dunkle Farbe annehmen ➠ Kümmelsamen und getrockneten Koriander untermengen und kurz dünsten ➠ zu den Bohnen geben ➠ Topf zudecken und weiter kochen, bis die Bohnen sehr weich sind ➠ heiß mit Reis servieren.

✳ Damit die Flüssigkeit im Topf bleibt, Topfdeckel in ein Tuch hüllen und den Topf damit zudecken.

****

Jogurt-Gemüse-Curry
Dhaiko Tarkarira Kari

Zutaten:

2 Tassen Jogurt
2 Tassen Wasser
Verschiedene Gemüsesorten in kleinen Mengen, z. B. Zucchini, kleine Aubergine, Karotte, Erbsen und Blumenkohl
3 bis 4 Esslöffel Maismehl, Sojabohnenmehl oder normales Mehl
1 Zwiebel, gehackt
2 kleine Tomaten, gehackt
1 bis 2 Knoblauchzehen, gehackt
3 cm Ingwerwurzel, gehackt
je 1/2 Teelöffel Chilipulver, Korianderpulver, Garam Masala, Kurkuma und Kümmel
1 Teelöffel Salz
Öl

So wird es gemacht:

☺ Knoblauch, Ingwerwurzel und Gemüse in einem Mörser zu einer Paste verarbeiten.
☺ 3 bis 4 Esslöffel Öl in einem Topf erhitzen ➟ Zwiebeln dazugeben und dünsten, bis sie Farbe annehmen ➟ Gewürzpaste untermengen und für einige Minuten dünsten ➟ eine Tasse Wasser und Salz darüber geben ➟ Gemüse in den Topf geben und gar kochen ➟ Jogurt mit Mehl mischen und über das Gemüse geben ➟ umrühren und das restliche Wasser darüber gießen ➟ unter ständigem Rühren kochen lassen, bis eine dickere Currysoße entstanden ist ➟ heiß mit Reis servieren.

****

Jogurt-Curry
Dhai Kari / Tarkari

Zutaten:

2 Tassen Jogurt (ca. 500 ml)
2 Tassen Wasser
1 Zwiebel, gehackt
1 bis 2 Knoblauchzehen, gehackt
je 1/2 Teelöffel Chilipulver, Korianderpulver, Kurkuma, Boksklee (Methi), Garam Masala und Salz
3 bis 4 Esslöffel Maismehl
Butterfett (Ghee/Ghiu) oder Öl

So wird es gemacht:

☺ Knoblauchzehen mit Salz und Gewürzen (außer Garam Masala) in einem Mörser zu Paste verarbeiten.
☺ Butterfett oder Öl in einem Topf erhitzen ➟ Zwiebeln dazugeben und dünsten, bis sie Farbe annehmen ➟ Gewürzpaste untermengen und für einige Minuten dünsten ➟ Jogurt darüber geben ➟ Mehl nach und nach dazugeben und unter ständigem Rühren auflösen ➟ Wasser darüber gießen und unter ständigem Rühren zum Kochen bringen, danach 4

bis 5 Minuten kochen, bis eine dicke Soße entstanden ist. Während des Kochens umrühren, damit der Jogurt nicht am Topfboden festklebt und anbrennt ➟ heiß mit Reis servieren.

****

Brotfrucht (Jack Fruit - Arto carpus) Rukh Katahar / Phonsi

Zutaten:

1 kleine Brotfrucht, gewaschen, geschält und in kleine Würfel geschnitten (Vor dem Schälen Hände mit etwas Öl einreiben, damit die Frucht nicht an den Händen kleben bleibt.)
1/2 Tasse Jogurt
1 Zwiebel, gehackt
1 große Tomate, gehackt
1 Knoblauchzehe, gehackt
3 cm Ingwerwurzel, gehackt
je 1/2 Teelöffel Salz, Petersiliensamen, Chilipulver, Bokskleesamen (Methi), Kümmelsamen und Kurkuma
Butterfett (Ghee/Ghiu) oder Öl

So wird es gemacht:

☺ Knoblauch und Ingwerwurzel mit etwas Salz in einem Mörser zu einer Paste verarbeiten.
☺ 1 Esslöffel Butterfett oder 3 Esslöffel Öl in einem Topf erhitzen ➟ Bokskleesamen, Zwiebeln und Petersiliensamen dazugeben und dünsten, bis die Zwiebeln glasig sind ➟ Brotfruchtwürfel, Salz und Kurkuma untermengen ➟ Topf zudecken und 5 bis 6 Minuten köcheln lassen ➟ Kümmel, Chilipulver und Knoblauch-Ingwerpaste dazugeben und gut mischen ➟ 5 Minuten köcheln lassen ➟ Tomaten und Jogurt untermengen und gar kochen ➟ heiß sevieren.

****

Yam-Curry
Tarul Takari

Zutaten:

1 Tasse geschälte und klein gewürfelte Yam
2 cm Ingwerwurzel, gehackt
1 bis 2 Knoblauchzehen, gehackt
1/2 Chilischote, gehackt
je 1/4 Teelöffel getrockneter Koriander, Kümmelsamen, Kurkuma und Bokskleesamen
Salz
Öl
Gehackte Petersilie oder Koriander

So wird es gemacht:

☺ Chili, Knoblauch, Ingwerwurzel, Kümmelsamen und getrockneten Koriander in einem Mörser zu einer Paste verarbeiten.
☺ Öl in einer Pfanne oder einem Topf erhitzen ➡ Bokskleesamen hineingeben und rösten, bis sie anfangen, in der Pfanne zu springen ➡ Yam, Salz und Kurkuma dazugeben und gut mischen ➡ 1 bis 2 Minuten braten ➡ Gewürzpaste untermengen ➡ 1/2 Tasse Wasser hinzufügen ➡ gut mischen ➡ köcheln lassen, bis der Yam gar ist. Falls nötig, Wasser darüber geben ➡ mit Petersilie oder Koriander garnieren ➡ heiß servieren.

****

Blumenkohl-Curry
Kauliko Jhol Kari / Tarkari

Zutaten:

1 Kopf Blumenkohl, gewaschen, abgetropft und zerkleinert
2 Tassen Wasser
1 Zwiebel, gehackt
3 cm Ingwerwurzel, gehackt
2 Knoblauchzehen, gehackt
4 kleine Tomaten, gehackt
2 bis 3 Kartoffeln, geschält, gewaschen und klein gewürfelt
1 Chilischote, längs halbiert, Samen entfernt und fein gehackt
je 1/2 Teelöffel Kümmelsamen, Garam Masala und Kurkuma
1/4 Teelöffel Salz
Öl
Gehackte Petersilie oder Koriander

So wird es gemacht:

☺ Knoblauch, Ingwerwurzel, Chilischote und Zwiebeln mit etwas Salz in einem Mörser zu einer Paste verarbeiten.
☺ Öl in einem Topf erhitzen ➡ Kümmelsamen dazugeben und rösten ➡ Gewürzpaste, Tomaten, Kurkuma und Salz untermengen ➡ ca. 2 Minuten braten ➡ Kartoffeln und Blumenkohl dazugeben ➡ fast mit Wasser bedecken und gar kochen ➡ in eine Schüssel geben ➡ mit Garam Masala und Petersilie oder Koriander garnieren ➡ heiß mit Brot oder Reis servieren.

****

Linsen
Musurko Dal

Zutaten:

1 Tasse gelbe Linsen, gewaschen, 1 Stunde in Wasser einweicht und im Sieb abgetropft
1½ Tassen Wasser
1 Zwiebel, gehackt
Samen einer grünen Kardamomkapsel
3 cm Zimtstange
einige Pfefferkörner
je 1/2 Teelöffel Nelkenpulver, Kurkuma, Koriandersamen, und Chilipulver
Butterfett (Ghee/Ghiu) oder Öl

So wird es gemacht:

☺ Alle Gewürze und Salz (außer Zwiebeln) in einem Mörser zu einer Paste verarbeiten.
☺ Butterfett oder Öl in einem Topf erhitzen ➟ Zwiebeln dazugeben und dünsten, bis sie Farbe annehmen ➟ Linsen dazugeben ➟ 1½ Tassen Wasser darüber gießen ➟ kochen, bis die Linsen püriert sind. Evtl. etwas Wasser darübergeben ➟ einige Minuten vor dem Servieren die Gewürzpaste untermengen ➟ heiß mit Reis servieren.

****

Geflügelgerichte

Enten-Curry
Hasako Masuko Kari / Tarkari

Zutaten:

1 Ente, in Stücke geschnitten, gewaschen und abgetrocknet
Saft von 2 Zitronen
2 Zwiebeln, in Streifen geschnitten
1 Chilischote, fein gehackt
4 Knoblauchzehen, gehackt
5 bis 6 cm Ingwerwurzel, gehackt
je 1 Teelöffel Kurkuma, Salz und Kümmelsamen
1/2 Teelöffel Bokskleesamen (Methi)
2 Teelöffel Koriandersamen
Butterfett (Ghee/Ghiu) und Öl
2 bis 3 Esslöffel Kokosnussraspel

So wird es gemacht:

☺ Knoblauch, Ingwerwurzel und die Gewürze mit etwas Salz in einem Mörser zu einer Paste verarbeiten ➟ Öl in einem Topf erhitzen ➟ Zwiebeln dazugeben und braun dünsten ➟ Gewürzpaste untermengen und für einige Minuten braten ➟ Ententeile dazugeben und mit der Marinade gut mischen und rundherum für kurze Zeit anbraten ➟ vom Herd nehmen ➟ Ententeile aus dem Topf nehmen und zerkleinern.

☺ 5 Esslöffel Butterfett in einer Pfanne erhitzen ➟ zerkleinerte Ententeile für 10 Minuten braten ➟ wieder in den ersten Topf geben ➟ 2 Tassen Wasser darüber gießen ➟ den Inhalt gut mischen ➟ kurz aufkochen lassen, dann bei schwacher Hitze köcheln lassen, bis die Entenstücke gar sind. 10 Minuten vor dem Servieren Salz und Zitronensaft darüber geben ➟ mit Kokosnussraspeln garnieren.

Hähnchen-Curry
Kukhurako Kari / Tarkari

Zutaten:

1 Hähnchen, in Stücke geteilt, gewaschen und abgetrocknet
2 bis 3 Knoblauchzehen, gehackt
2 große Tomaten, gehackt
1 bis 2 Zwiebeln, gehackt oder in Streifen geschnitten
2 cm Ingwerwurzel, gehackt
je 1 Teelöffel:
- Chilipulver
- Koriandersamen
- Kümmelsamen
- Kurkuma
- Garam Masala

Salz
1 Esslöffel Jogurt
Butterfett (Ghee/Ghiu) oder Öl

So wird es gemacht:

☺ Hähnchenstücke gar kochen ➟ Fleisch vom Knochen lösen und klein würfeln.
☺ Knoblauch, Ingwerwurzel und alle anderen Gewürze (außer Garam Masala) mit Salz zu einer Paste verarbeiten ➟ 1 Esslöffel Jogurt dazugeben und gut mischen.
☺ Butterfett oder Öl in einem Topf erhitzen ➟ Zwiebeln dazugeben und goldbraun dünsten ➟ Gewürzpaste untermengen und für weitere 2 Minuten braten ➟ Hähnchenstücke dazugeben und gut mischen ➟ Tomaten untermengen ➟ bei schwacher Hitze und geschlossenem Topf köcheln lassen, bis das Fleisch sehr gar ist. Evtl. etwas Wasser darüber geben ➟ 3 bis 4 Minuten vor dem Servieren Garam Masala darüber streuen und mischen ➟ heiß mit Brot oder Reis servieren.

****

Hähnchen-Kebab
Kukhurako Kabab

Zutaten:

1 Hähnchen, in Teile geschnitten
2 Knoblauchzehen, gehackt
3 cm Ingwerwurzel, gehackt
2 Zwiebeln, gehackt
3 Tomaten, fein gehackt
je 1/2 Teelöffel:
  Kurkuma
  Koriander
  Kümmel
  Chilipulver
50 ml Öl
25 g Butterfett (Ghee/Ghiu), zerlassen
Salz

So wird es gemacht:

☺ Knoblauch und Ingwerwurzel mit Salz zu einer Paste verarbeiten ➟ Gewürze und etwas Wasser oder Jogurt dazugeben und gut mischen ➟ in einen Topf geben ➟ Hähnchenteile, zerlassenes Butterfett und Öl darüber geben ➟ Hähnchenteile in der Marinade wälzen ➟ 30 Minuten stehen lassen ➟ etwas Wasser darüber gießen und gar kochen ➟ wenn das Fleisch gar ist, Tomaten untermengen und weiterhin köcheln lassen. In der Zwischenzeit die Zwiebeln braun dünsten und zum Fleisch geben ➟ umrühren und heiß mit Reis oder Brot servieren.

****

Hähnchen mit Jogurt
Singe Kukhura

Zutaten:

1 Hähnchen, gewaschen und abgetrocknet
1 Tasse Jogurt
1 Tasse warmes Wasser
2 Knoblauchzehen, gehackt
2,5 cm Ingwerwurzel, gehackt
Samen von 2 weißen Kardamomkapseln
1 bis 2 Chilischoten, längs halbieren, Samen entfernen und hacken
1 Zwiebel, gehackt
je 1 Teelöffel Anissamen, Kurkuma, Kümmelsamen und Koriandersamen
3 bis 4 Nelken
2 Esslöffel Mandelsplitter
Salz
Butterfett (Ghee/Ghiu)

So wird es gemacht:

☺ Gewürze und Nelken in einem Mörser zerstampfen ➟ Knoblauch, Ingwerwurzel, Chilischoten und Zwiebeln dazugeben und zu einer Paste verarbeiten ➟ Jogurt dazugeben und gut mischen ➟ Hähnchenhaut rundherum mit einer Gabel anstechen ➟ Hähnchen von außen und innen mit Jogurtmarinade einreiben ➟ die restliche Marinade in das Hähnchen füllen ➟ 1 Stunde stehen lassen.

☺ 4 bis 5 Esslöffel Butterfett in einem Topf erhitzen ➟ Hähnchen dazugeben und rundherum braten, bis es Farbe annimmt ➟ die Marinade mit einer Tasse warmem Wasser mischen und über das Hähnchen geben ➟ salzen ➟ Mandelsplitter rösten und untermengen ➟ Topf zudecken und köcheln lassen, bis das Hähnchen gar ist. Evtl. Wasser darüber gießen ➟ heiß mit Brot oder Reis servieren.

****

Variante 2
Mogulai Kukhra

Zutaten:

1 Hähnchen, in Stücke geschnitten, gewaschen und abgetrocknet
2 Tassen Jogurt oder Quark
1 bis 2 Chilischoten, Samen entfernt und gehackt
1 Zwiebel, gehackt
3 Knoblauchzehen und 4 cm Ingwerwurzel, gehackt, in einem Mörser mit etwas Salz zu einer Paste verarbeitet
1 Safranfaden, in 2 Esslöffel heißem Wasser oder Milch aufgelöst
Samen von 2 Kardamomkapseln
Salz
Butterfett (Ghee/Ghiu)

So wird es gemacht:

☺ Jogurt und Safranwasser in eine Schüssel geben und mischen ➡ Hähnchenteile mit Knoblauch-Ingwerpaste einreiben und in den Jogurt geben ➡ ca. 30 Minuten ziehen lassen.

☺ Chilischoten mit einigen Zwiebelscheiben in einem Mörser zu einer Paste verarbeiten ➡ Butterfett in einem Topf erhitzen ➡ Zwiebeln dazugeben und dünsten, bis sie Farbe annehmen ➡ Hähnchenteile dazugeben und rundherum braten ➡ Jogurtmarinade, Chilipaste, Kardamom, 2 Tassen Wasser und Salz dazugeben ➡ umrühren ➡ Topf zudecken und kochen, bis das Fleisch gar ist ➡ heiß mit Brot oder Reis servieren.

****

Gebratenes Hähnchen
Kukhurako Bhtuwa

Zutaten:

1 Hähnchen, gewaschen, gar gekocht und zerkleinert
1 Tasse Maismehl (Besan) oder anderes Mehl
Salz und Pfeffer
Öl

So wird es gemacht:

☺ Maismehl mit 2 Teelöffel Salz und einer Prise Pfeffer mischen ➡ in eine Schüssel geben ➡ Hähnchenteile in Mehl wälzen ➡ Öl in einer Pfanne erhitzen und das eingemehlte Fleisch braun braten ➡ Pfanne zudecken und bei schwacher Hitze einige Minuten garen ➡ aus der Pfanne nehmen und heiß servieren.

****

Hähnchen mit Gemüse
Palungra Kukhura Ko Masu

Zutaten:

1 Hähnchen, zerlegt, gewaschen und abgetrocknet
500 g Spinat, gewaschen, abgetropft und grob gehackt
3 Zwiebeln, gehackt
4 Tomaten, gehackt
3 Knoblauchzehen, mit Salz zerdrückt
je 1/4 Teelöffel Chilipulver und Pfeffer
1 Teelöffel getrockneter Koriander
Butterfett (Ghee/Ghiu)
Salz

So wird es gemacht:

☺ 2 Esslöffel Butterfett in einem Topf zerlassen ➡ Zwiebeln und Knoblauchpaste dazugeben und glasig dünsten ➡ Tomaten dazugeben und einige Minuten dünsten ➡ 5 bis 6 Minuten köcheln lassen ➡ Hähnchenteile dazugeben ➡ salzen ➡ fast mit Wasser bedecken ➡ Topf zudecken und kochen lassen, bis das Fleisch gar ist ➡ heiß mit Brot oder Reis servieren.

****

Grill-Hähnchen
Kukhura Tandori

Zutaten:

1 Hähnchen, zerlegt, gewaschen und abgetrocknet
100 ml Jogurt
2 Knoblauchzehen
1 Esslöffel Zitronensaft
je 1/2 Teelöffel Chilipulver, getrockneter Koriander, Kümmelpulver, Piment und Kurkuma
1 Teelöffel Salz
Butterfett (Ghee/Ghiu) oder Öl

So wird es gemacht:

☺ Hähnchenteile mit Zitronensaft und Salz einreiben und eine Stunde ziehen lassen.

☺ Knoblauch und Gewürze zu einer Paste verarbeiten ➡ Jogurt und 2 Esslöffel Öl oder zerlassenes Butterfett in eine Schale geben ➡ Knoblauchpaste dazugeben und gut mischen ➡ Hähnchenteile in die Marinade legen und für 4 bis 5 Minuten ziehen lassen.

☺ Grill mit Holzkohle vorheizen ➡ Fleischstücke kurz abtropfen lassen und grillen ➡ heiß mit Brot oder Reis servieren.

✳ Man kann die eingelegten Hähnchenteile in Öl braten oder im Backofen grillen.

Hähnchen-Leber
Kalejo Masala

Zutaten:

500 g Hähnchenleber, gewaschen und abgetropft
2 Zwiebeln, gehackt
Butterfett (Ghee/Ghiu) oder Öl
Salz

Gewürze zu einer Paste verarbeiten:

je 1/4 Teelöffel:
- Chilipulver
- Kümmelpulver
- Piment
- Kurkuma
- Ingwerpulver
- 1 bis 2 Knoblauchzehen

So wird es gemacht:

☺ Leber in Öl oder Butterfett braten ➟ fast mit Wasser bedecken und gar kochen ➟ aus dem Sud nehmen und abtropfen lassen, dann vierteln ➟ Öl oder Butterfett in einer Pfanne erhitzen ➟ Zwiebeln und Gemüsepaste dazugeben und glasig dünsten ➟ Leber hinzufügen ➟ ca. 5 Minuten braten ➟ heiß servieren.

✻✻✻✻✻✻✻✻✻✻✻

Fischgerichte

Fisch-Curry
Machhako Kari / Tarkari

Zutaten:

500 g Fisch, in Stücke geschnitten, gewaschen und abgetropft
4 Tomaten, gehackt
1 Chilischote, längs halbiert, Samen entfernt und fein gehackt
1 Tasse Wasser
1 Tasse Essig
je 1/2 Teelöffel:
  Kurkuma
  Boksklee (Methi)
  getrockneter Koriander
1 Teelöffel Salz
Butterfett (Ghee/Ghiu) oder Öl

So wird es gemacht:

☺ Fischstücke für ca. 2 Minuten in Essig legen ➟ herausnehmen ➟ mit Salz und Kurkuma bestreuen ➟ 2 Esslöffel Öl in einem Topf erhitzen ➟ Fischstücke und Boksklee dazugeben und kurz braten ➟ alle anderen Zutaten untermengen und 1 Tasse Wasser darüber geben ➟ kurz zum Kochen bringen, dann bei schwacher Hitze 10 Minuten garen ➟ heiß mit Reis servieren.

****

Fisch mit Jogurt
Dahi Macha

Zutaten:

500 g Fisch, in kleine Stücke geschnitten, gewaschen und abgetropft
1 Tasse Jogurt
1 Chilischote, längs halbiert, Samen entfernt und gehackt
3 cm Ingwerwurzel, gehackt
1 cm Zimtstange, zerstampft
Samen von 2 Kardamomkapseln
1 Teelöffel Salz
Butterfett (Ghee/Ghiu) oder Öl

So wird es gemacht:

☺ Fischstücke in Jogurt einlegen und 1 Stunde ziehen lassen ➡ Butterfett oder Öl in einer Pfanne erhitzen ➡ Kardamomsamen, Zimt, Ingwerwurzel und Chili dazugeben und kurz rösten ➡ Fischstücke aus der Marinade nehmen und in die Pfanne legen ➡ Pfanne zudecken und bei schwacher Hitze 20 bis 30 Minuten garen.

****

Gebratener Fisch
Macha Tareko

Zutaten:

500 g Fisch, in große Stücke geschnitten, gewaschen und abgetropft
1/2 Tasse Maismehl
je 1/4 Teelöffel Kurkuma und Pfeffer
1/2 Teelöffel Chilipulver
Salz
Butterfett (Ghee/Ghiu) oder Öl

So wird es gemacht:

☺ Fischstücke mit Salz, Pfeffer und Kurkuma einreiben ➟ 2 bis 3 Stunden stehen lassen.
☺ Mehl in eine Schüssel geben ➟ 1/2 Tasse Wasser, Chilipulver und eine Prise Salz darüber geben und gut mischen ➟ die eingelegten Fischstücke in die Mehlmischung geben und darin wälzen.
☺ Öl oder Butterfett in einer Pfanne erhitzen ➟ Fischstücke dazugeben und von allen Seiten goldbraun braten ➟ heiß servieren.

****

Variante 2

Zutaten:

500 g Fisch, in große Stücke geschnitten, gewaschen und abgetropft
1 Ei, in einem Glas aufgeschlagen und verrührt
1 Zwiebel, gehackt
2 cm Ingwerwurzel, gehackt
Brotkrümel
1/2 Teelöffel Kurkuma
Salz
Öl zum Braten

So wird es gemacht:

☺ Zwiebeln, Ingwerwurzel, Salz, Kurkuma und Fischstücke in eine Schüssel geben und gut mischen ➟ 2 Stunden ziehen lassen.
☺ Fischstücke mit Brotkrümeln bedecken ➟ Ei darüber geben und mit den anderen Zutaten gut mischen.
☺ Öl in einer Pfanne erhitzen ➟ Fischstücke dazugeben und braun braten ➟ heiß servieren.

****

Garnelen-Curry
Jhinge Machako Kari / Tarkari

Zutaten:

1 Tasse geschälte Garnelen
1/2 Tasse Wasser
1 Zwiebel, gehackt
2 cm Ingwerwurzel und 1 Knoblauchzehe, mit Salz zerdrückt
je 1 Teelöffel:
  Korianderpulver
  Kurkuma
je 1/2 Teelöffel:
  Chilipulver
  Kümmelsamen
Salz
Zitronensaft
Öl zum Braten

So wird es gemacht:

☺ Öl in einem Topf erhitzen ➡ Zwiebeln dazugeben und goldbraun dünsten ➡ Gewürze und Knoblauchpaste untermengen und ca. 1 Minute dünsten ➡ Garnelen dazugeben und weitere 2 Minuten braten ➡ 1/2 Tasse Wasser und Zitronensaft (nach Belieben) darüber gießen ➡ Topf zudecken und kochen, bis die Garnelen gar sind.

****

Gebratene Garnelen

Zutaten:

1 Tasse geschälte Garnelen
2 Knoblauchzehen, gehackt
je 1/4 Teelöffel:
  Chilipulver
  Kurkuma
  Garam Masala
Salz
Zitronensaft
Öl zum Braten

So wird es gemacht:

☺ Knoblauchzehen mit Gewürzen zu einer Paste verarbeiten ➡ in eine Schale geben ➡ Garnelen dazugeben und gut mischen ➡ 1 Stunde stehen lassen ➡ Öl in einer Pfanne erhitzen ➡ die eingelegten Garnelen dazugeben und braten ➡ heiß mit Achar und Brot servieren.

****

Fleischgerichte

Fleisch mit Zwiebeln

Piaia Dhalo Masu / Piaia Chun La

Zutaten:

250 g Fleisch, grob gehackt
2 Zwiebeln, gehackt
2 bis 2,5 cm Ingwerwurzel, fein gehackt
1/4 Teelöffel Chilipulver oder Pfeffer
je 1 Teelöffel Salz Kümmelpulver und Kurkuma
Butterfett (Ghee/Ghiu) oder Öl

So wird es gemacht:

☺ Öl oder Butterfett in einem Topf erhitzen ➟ Kurkuma dazugeben und gut mischen ➟ alle anderen Zutaten dazugeben und mischen ➟ braten, bis das Fleisch eine dunkle Farbe annimmt ➟ ca. 1/2 Tasse Wasser darüber geben und bei schwacher Hitze garen. Falls nötig, etwas Wasser darüber geben ➟ heiß mit Reis oder Brot servieren.

✡✡✡✡✡✡✡✡✡✡

Gebratenes Fleisch

Bhutuwa Masu / Puka La

Zutaten:

500 g Fleisch, gewürfelt (ca. 2 cm), gewaschen und abgetropft
4 Knoblauchzehen, geviertelt
3 cm Ingwerwurzel, gehackt
1 Esslöffel Zitronensaft
1/2 Tasse Wasser
je 1/2 Teelöffel Chilipulver, Zimt und Kurkuma

je 1 Teelöffel Salz und Kümmelpulver
Öl

So wird es gemacht:

☺ Knoblauchzehen und Ingwerwurzel mit Salz in einem Mörser zu einer Paste verarbeiten ➟ Zitronensaft dazugeben und gut mischen.

☺ Fleischwürfel in eine Schüssel geben ➟ die vorbereitete Gewürzmischung darüber geben und gut mischen ➟ ca. 30 Minuten ziehen lassen ➟ Fleischwürfel aus der Marinade nehmen und in ein Sieb geben ➟ abtropfen lassen (Marinade aufbewahren) ➟ Öl in einem Topf erhitzen ➟ Fleischstücke und Kurkuma dazugeben und braten, bis sie rundherum braun sind ➟ Wasser und die restlichen Gewürze zu der Marinade geben und mischen ➟ über das Fleisch geben ➟ umrühren ➟ Topf zudecken und bei schwacher Hitze köcheln lassen, bis das Fleisch gar und viel Flüssigkeit verdampft ist ➟ heiß mit Brot oder Reis servieren.

✲✲✲✲✲✲✲✲✲✲

Fleisch-Curry

Pakaieko Masu / Khunala

Zutaten:

500 g Fleisch, gewaschen, abgetropft und gewürfelt
4 cm Ingwerwurzel, fein gehackt
2 Knoblauchzehen, fein gehackt
je 1 Teelöffel Salz, Kurkuma und Kümmelpulver
je 1/2 Teelöffel Zimt, Pfeffer und getrockneter Koriander
je 2 Lorbeerblätter und Nelken
1/2 Tasse Jogurt
1/2 Tasse Wasser
4 Esslöffel Öl

So wird es gemacht:

☺ Gewürze, Knoblauch und Ingwerwurzel in einem Mörser zu einer Paste verarbeiten ➟ Jogurt und Öl darüber geben und gut mischen ➟ Fleisch in einen Topf geben ➟ Jogurtmischung und Wasser darüber geben ➟ ca. 20 Minuten kochen, evtl. etwas Wasser darüber geben ➟ abschmecken ➟ heiß mit Brot oder Reis servieren.

✯✯✯✯✯✯✯✯✯✯

Gekochtes Rindfleisch

Hackuchhoiala / Schwela

Zutaten:

500 g Rindfleisch
3 cm Ingwerwurzel, gehackt
2-3 Knoblauchzehen
1/2 Chilischote
1/2 Teelöffel Kümmelsamen
je 1/4 Teelöffel Bokskleesamen (Methi) und Kurkuma
Butterfett (Ghee/Ghiu) oder Öl
Salz und Pfeffer

So wird es gemacht:

☺ Fleisch waschen, abtropfen lassen und in Streifen schneiden, dann halbieren ➟ im Topf mit Wasser bedecken und gar kochen ➟ vom Herd nehmen ➟ in eine Schüssel geben und beiseite stellen.

☺ Knoblauch, Ingwerwurzel, Chilischote und Kümmel mit etwas Salz in einem Mörser zu einer Paste verarbeiten ➟ Öl in einer Pfanne erhitzen ➟ Bokskleesamen dazugeben und rösten, bis sie dunkle Farbe annehmen ➟ Knoblauchpaste und Kurkuma untermengen und erneut kurz dünsten ➟ über das Fleisch geben ➟ gut mischen ➟ heiß mit Brot oder Reis servieren.

✯✯✯✯✯✯✯✯✯✯

Gebratenes Fleisch
Masu ko Pakoda

Zutaten:

200 bis 250 g Fleisch, gewaschen, abgetropft und in sehr dünne Streifen geschnitten, dann halbiert
ca. 100 g Mehl
150 ml Milch
1/2 Teelöffel Backpulver
1 Ei, in einem Glas aufgeschlagen und verrührt
Salz
Öl zum Braten

So wird es gemacht:

☺ Mehl sieben ➟ Prise Salz dazugeben ➟ Milch, Backpulver und Ei darüber geben und zu einem festen Teig verarbeiten ➟ Fleischstücke in den Teig drücken ➟ Öl in einer Pfanne erhitzen ➟ Fleischstücke dazugeben und von beiden Seiten goldbraun braten ➟ heiß mit Brot servieren.

****

Süße Fleisch-Bällchen
Banelko Masu ko Kofta

Zutaten:

500 g Hackfleisch
2 Zwiebeln, gehackt
1 Teelöffel Kümmelpulver
je 1/2 Teelöffel Salz und Pfeffer
Maismehl
Butterfett (Ghee/Ghiu) oder Öl

Zuckersirup:

2 Tassen Wasser
1 Tasse Zucker
1 Teelöffel Rosen- oder Orangenblütenwasser

So wird es gemacht:

☺ Hackfleisch, Zwiebeln, Kümmelpulver, Salz und Pfeffer zu einem Teig kneten ➟ Fleischteig zu kleinen Kugeln formen und in Maismehl wälzen ➟ Butterfett oder Öl in einer Pfanne erhitzen ➟ Fleischkugeln von allen Seiten braten ➟ in ein Sieb geben und beiseite stellen.

☺ ***Zuckersirup herstellen:*** Wasser in einen Topf geben ➟ Zucker dazugeben und im Wasser auflösen ➟ zum Kochen bringen, dann bei schwacher Hitze brodeln lassen, bis die Flüssigkeit fest wird (das dauert ca. 10 bis 15 Minuten) ➟ Rosen- oder Orangenblütenwasser darüber geben ➟ Fleischbällchen dazugeben ➟ bei schwacher Hitze garen.

☆☆☆☆☆☆☆☆☆☆

Fleischwürstchen

Zutaten:

500 g Fleisch
2 Knoblauchzehen gehackt
2 cm Ingwerwurzel, gehackt
2 Esslöffel gehackte Petersilie
2 Zwiebeln, fein gehackt
1 Esslöffel gehackter Porree
je 1 Teelöffel Pfeffer, Nelkenpulver und getrockneter Koriander
Salz
1 Ei oder Maismehl
Butterfett (Ghee/Ghiu) oder Öl

So wird es gemacht:

☺ Das Fleisch mehrmals durch den Fleischwolf drehen und mit allen anderen Zutaten vermengen ➟ mit beiden Händen zu einem flachen Teig kneten, evtl. ein Ei oder Maismehl dazugeben, damit der Teig beim Braten nicht auseinanderfällt ➟ eine Portion Fleischteig nehmen und zu einer länglichen Wurst formen. Diesen Vorgang wiederholen, bis der Fleischteig aufgebraucht ist ➟ Butterfett oder Öl in einer Pfanne erhitzen ➟ Fleischwürstchen dazugeben und von allen Seiten goldbraun braten ➟ heiß mit Brot oder Reis und Salat oder Jogurt servieren.

✳ Man kann die Fleischwürstchen auch grillen:

☺ Eine Portion Fleischteig nehmen und um einen Spieß zu einer länglichen Wurst formen ➟ auf den vorgeheizten Grill legen und von allen Seiten braun braten.

✯✯✯✯✯✯✯✯✯✯

Spießfleisch

Zutaten:

500 g mageres Fleisch, in Streifen geschnitten
1 bis 2 Knoblauchzehen
2,5 cm Ingwerwurzel, gehackt
1/2 Chilischote, gehackt
2 cm Zimtstange, in einem Mörser zerkleinert
Salz
Butterfett (Ghee/Ghiu) oder Öl

So wird es gemacht:

☺ Knoblauch, Ingwerwurzel, Chilischote und Zimtstange mit etwas Salz in einem Mörser zu einer Paste verarbeiten.

☺ Grill mit Holzkohle vorheizen ➟ Fleischstücke salzen, aufspießen und grillen, bis das Fleisch gar ist ➟ von den Spießen nehmen und zerkleinern ➟ Knoblauchpaste dazugeben und gut mischen ➟ Öl oder Butterfett dazugeben und mischen, evtl. 1/2 Teelöffel Bokskleesamen rösten und darübergeben, dann servieren.

✯✯✯✯✯✯✯✯✯✯

Gewürz-Fleisch-Masala Masu

Zutaten:

150 bis 200 g frisches mageres Fleisch, fein gehackt oder grob durch den Fleischwolf gedreht
2 cm Ingwerwurzel, gehackt
je 1/2 Teelöffel Chilipulver und Kümmelsamen
1/4 Teelöffel Piment
Salz
Öl

So wird es gemacht:

☺ Ingwerwurzel, Chilipulver und Piment mit etwas Salz in einem Mörser zu einer Paste verarbeiten ➡ etwas Wasser darüber geben und mischen ➡ zum Fleisch geben und gut mischen ➡ 30 Minuten stehen lassen ➡ vor dem Servieren Öl in einer Pfanne erhitzen ➡ Kümmelsamen dazugeben und rösten ➡ über das Fleisch geben und gut mischen, dann mit Brot servieren.

✯✯✯✯✯✯✯✯✯✯✯

Hack-Kotelett
Khasiko Kasu ko Schop

Zutaten:

500 g Hackfleisch
ca. 500 g Tomaten, Haut abgezogen, längs halbiert, Samen entfernt und fein gehackt
2 Kartoffeln, gekocht und püriert
1 Zwiebel, gehackt
1 bis 2 Knoblauchzehen
2 cm Ingwerwurzel, gehackt
je 1/2 Teelöffel Kümmelsamen und Kurkuma
2 Teelöffel getrockneter Koriander
1 Esslöffel gehackte Petersilie
1/4 Teelöffel Pfeffer oder Chilipulver
einige Rosinen und Nüsse (nach Belieben)
1 Ei, in einem Glas aufgeschlagen und verrührt
Brotkrümel
Salz
Butterfett (Ghee/Ghiu)

So wird es gemacht:

☺ Knoblauch, Ingwerwurzel und Kümmelsamen mit etwas Wasser in einen Mörser geben und zu einer Paste verarbeiten.
☺ Zwiebeln dünsten, bis sie Farbe annehmen.
☺ Rosinen und gehackte Nüsse ca. 3 Minuten rösten.

☺ Alle anderen Gewürze ca. 1 Minute rösten.
☺ Hackfleisch in eine Schüssel geben ➡ alle anderen Zutaten dazugeben (außer Ei) und zu einem Fleischteig kneten ➡ salzen ➡ Fleischteig zu Kugeln formen, dann flach drücken ➡ von beiden Seiten im Ei wenden ➡ Butterfett in einer Pfanne erhitzen und die Hack-Koteletts von beiden Seiten knusprig braten ➡ heiß mit Reis und Achar servieren.
✳ Man kann das Hack auch vorher in Salzwasser kochen, und abtropfen lassen, dann wie oben beschrieben verfahren.

✭✭✭✭✭✭✭✭✭✭

Ingwer-Curry

Masura Aduwa Kari / Palu La

Zutaten:

200 g mageres Fleisch, gewaschen, abgetropft und klein gewürfelt
10 cm Ingwerwurzel, gehackt
1/2 Knoblauchzehe
1/4 Teelöffel Chilipulver oder Pfeffer
je 1/2 Teelöffel Salz und Bokskleesamen (Methi) und Kurkuma
Butterfett (Ghee/Ghiu) oder Öl

So wird es gemacht:

☺ Ingwerwurzel und Knoblauch mit Salz in einem Mörser zu einer Paste verarbeiten.
☺ Öl oder Butterfett in einer Pfanne erhitzen ➡ Fleischwürfel dazugeben und braten, bis sie Farbe annehmen ➡ Ingwerpaste und Chilipulver untermengen und gut mischen ➡ in einer anderen Pfanne Bokskleesamen rösten, bis sie eine dunkle Farbe annehmen ➡ Kurkuma darüber geben und mischen ➡ über das Fleisch geben ➡ ca. 1 Tasse Wasser darüber gießen und gut mischen ➡ bei schwacher Hitze köcheln lassen, bis das Fleisch gar ist ➡ heiß mit Brot oder Reis servieren.

✭✭✭✭✭✭✭✭✭✭

Zwiebel-Curry
Masura Piaiko Kari / Tarkari

Zutaten:

500 g Fleisch
250 g Zwiebeln, in Ringe geschnitten
100 ml Wasser
1 cm Zimtstange
Samen von 2 Kardamomkapseln
Salz
Butterfett

So wird es gemacht:

☺ Zimtstange und Kardamom in einem Mörser zerkleinern.
☺ Fleisch waschen, abtropfen lassen und klein würfeln (ca. 2 cm) ➟ in einen Topf geben ➟ Wasser darüber gießen ➟ 1 Teelöffel Salz darübergeben und aufkochen lassen ➟ bei schwacher Hitze köcheln lassen, bis das Fleisch gar ist und die Flüssigkeit verdampft ist.
☺ Butterfett in einer Pfanne erhitzen ➟ Zwiebeln dazugeben und dünsten, bis sie goldbraune Farbe annehmen ➟ beiseite stellen ➟ in derselben Pfanne Kardamom und Zimt ca. 30 Sekunden rösten ➟ das fertig gekochte Fleisch dazugeben und gut mischen ➟ ca. 5 Minuten bei schwacher Hitze erwärmen ➟ gedünstete Zwiebeln untermengen ➟ heiß servieren.

✳ Für einen besseren Geschmack: 2 Kartoffeln würfeln und braten, dann das Fleisch zum Erwärmen hinzufügen. Danach Zwiebeln dazugeben.

✯✯✯✯✯✯✯✯✯✯

Fleisch-Curry

Zutaten:

500 g mageres Fleisch, im Stück
50 ml Sojasoße
2 Tassen Wasser
ca. 30 ml Essig
2 Knoblauchzehen, grob gehackt
2 bis 3 Lorbeerblätter
1/2 Teelöffel Chilipulver oder Pfeffer
Butterfett (Ghee/Ghiu) oder Öl

So wird es gemacht:

☺ Fleisch waschen und abtropfen lassen ➡ Butterfett oder Öl in einem Topf erhitzen ➡ Fleisch dazugeben und rundherum knusprig braten ➡ alle anderen Zutaten darüber geben ➡ umrühren ➡ zum Kochen bringen ➡ bei schwacher Hitze köcheln lassen, bis das Fleisch gar ist ➡ heiß mit Brot oder Reis und Gemüse servieren.

✯✯✯✯✯✯✯✯✯✯✯

Tomaten-Fleisch-Curry
Masu Golbheda Kari / Tarkari

Zutaten:

500 g Fleisch, gewaschen, abgetropft und gewürfelt
250 g Tomaten, Haut abgezogen, Samen entfernt und gehackt
3 Zwiebeln, gehackt
2 Knoblauchzehen
2 cm Ingwerwurzel, gehackt
je 1/2 Teelöffel getrockneter Koriander, Kurkuma und Kümmelpulver
je 1/4 Teelöffel Chilipulver oder Pfeffer und Nelkenpulver
Salz
Butterfett (Ghee/Ghiu) oder Öl

So wird es gemacht:

☺ Knoblauch und Ingwerwurzel mit etwas Salz zu einer Paste verarbeiten ➟ alle anderen Gewürze dazugeben und gut mischen.
☺ Fleischstücke rundherum braten, bis sie Farbe annehmen ➟ aus der Pfanne nehmen und beiseite stellen.
☺ Butterfett oder Öl in einem Topf erhitzen ➟ Zwiebeln dazugeben und glasig dünsten ➟ Gewürzmischung untermengen und kurz dünsten ➟ Fleischstücke dazufügen ➟ mit Wasser fast bedecken ➟ aufkochen lassen ➟ bei schwacher Hitze köcheln lassen, bis das Fleisch gar ist und eine dicke Soße entstanden ist ➟ heiß mit Brot oder Reis und Salat servieren.

✭✭✭✭✭✭✭✭✭✭✭

Gefüllte Tomaten-Bhare ko Golbheda

Zutaten:

6 bis 8 große Tomaten, nicht sehr reif
200 g Hackfleisch
3 Zwiebeln, gehackt
1 Knoblauchzehe, mit Salz zerdrückt
je 1/2 Teelöffel Kümmelpulver, Zimtpulver, Piment und Kurkuma
1 Teelöffel getrockneter Koriander
Salz
1/2 Teelöffel Zucker
Butterfett (Ghee/Ghiu) oder Öl
1 Tasse Wasser

So wird es gemacht:

☺ Butterfett oder Öl in einem Topf erhitzen ➟ Zwiebeln und Knoblauchpaste dazugeben und glasig dünsten ➟ Hackfleisch untermengen und braten, bis es eine dunkle Farbe annimmt und die Fleischflüssigkeit verdunstet ist ➟ alle anderen Gewürze darüber geben ➟ 1 Esslöffel Wasser hinzufügen ➟ einige Minuten garen ➟ vom Herd nehmen ➟

Gemisch aus den Topf nehmen und beiseite stellen.

☺ Tomaten waschen und abtrocknen ➟ rund um die Stiele einen Deckel schneiden ➟ mit einem Löffel aushöhlen (das Tomatenfleisch aufbewahren) ➟ die Tomaten mit Hackfleischfüllung füllen ➟ die abgeschnittenen Tomatendeckel darauf legen.

☺ 1 Tasse Wasser in denselben Topf geben, in dem die Zwiebeln und das Hack gebraten wurden ➟ 1 Esslöffel Tomatenmark darin auflösen ➟ Tomatenfleisch dazugeben ➟ bei mittlerer Hitze kochen ➟ die gefüllten Tomaten mit der Öffnung nach oben in den Topf stellen ➟ Topf zudecken ➟ kurz aufkochen lassen ➟ auf kleiner Flamme ca. 15 Minuten garen ➟ heiß mit Brot oder Reis servieren.

✯✯✯✯✯✯✯✯✯✯

Sülze-Thal Thal Masu / Takha

Zutaten:

1 kg Eisbein
200 g mageres Fleisch
1 Stück Kalbsfuß
2 Liter Wasser
je 1 Teelöffel Chilipulver, Kümmelsamen, Kurkuma, und Pfeffer
50 ml Öl
Salz

So wird es gemacht:

☺ Das Fleisch waschen und in große Stücke schneiden ➟ in einen Topf geben ➟ Wasser, Salz und Kurkuma darüber geben ➟ köcheln lassen, bis das Fleisch gar ist und fast die Hälfte der Flüssigkeit verdampft ist ➟ Fleisch aus der Brühe nehmen und klein schneiden ➟ Fleischstücke und die restlichen Gewürze in die Brühe geben und gut mischen ➟ für einige Zeit weiterköcheln lassen, bis die Flüssigkeit dick wird ➟ in eine Schüssel geben und erstarren lassen.

✯✯✯✯✯✯✯✯✯✯

Rindfleisch-Curry
Rangoko kol Masu / Meia lago

Zutaten:

1 kg Rinderhack
1 Tasse Jogurt oder Quark
200-250 g Tomaten, gehackt
100 g Zwiebeln, gehackt
2 Esslöffel Mehl
ca. 2 cm Zimtstange, in einem Mörser zerkleinert
1/2 Teelöffel Chilipulver oder Pfeffer
1 Teelöffel Kurkuma
Salz
Butterfett (Ghee/Ghiu) oder Öl

So wird es gemacht:

☺ Hackfleisch mit Chilipulver und Kurkuma mischen ➟ einmal durch den Fleischwolf drehen ➟ zu einem Teig kneten ➟ Fleischteig mit beiden Händen zu kleinen Kugeln formen ➟ in Öl oder Butterfett braten ➟ aus der Pfanne nehmen und beiseite stellen.

☺ Etwas Butterfett oder Öl in einem Topf erhitzen ➟ Zwiebeln und Mehl dazugeben und gut mischen ➟ Tomaten, Jogurt, Zimt und Salz dazugeben und untermengen ➟ bei schwacher Hitze ca. 30 Minuten köcheln lassen. Falls nötig, etwas Wasser darüber geben ➟ Fleischbällchen in die Soße tauchen und einige Minuten köcheln lassen, bis die Bällchen gar sind ➟ heiß mit Brot oder Reis servieren.

Leber-Curry
Senla Kari / Tarakari

Zutaten:

500 g Rinderleber, gewaschen, abgetropft und in Scheiben geschnitten
250 g Tomaten, gehackt
2 große Zwiebeln, gehackt
2 bis 3 Knoblauchzehen, fein gehackt
2 cm Ingwerwurzel, fein gehackt
je 1/2 Teelöffel:
  Salz,
  getrockneter Koriander
  Kurkuma
je 1/4 Teelöffel:
  Chilipulver
  Zimt
Butterfett (Ghee/Ghiu) oder Öl

So wird es gemacht:

☺ Öl oder Butterfett in einem Topf erhitzen ➡ Zwiebeln und Kurkuma dazugeben und gut mischen ➡ Knoblauch und Ingwerwurzel untermengen und dünsten, bis sie braune Farbe annehmen ➡ Tomaten, Chilipulver, Koriander, Salz und Zimt dazugeben und gut mischen ➡ 1 Esslöffel Wasser darüber geben und köcheln lassen, bis eine dickere Soße entstanden ist ➡ Leberstücke dazugeben ➡ Topf zudecken ➡ köcheln lassen, bis die Leber gar ist ➡ heiß servieren.

✯✯✯✯✯✯✯✯✯✯✯

Gedämpfte Leber
Senlamu

Zutaten:

500 g Leber, gewaschen, abgetropft und gewürfelt
4 Knoblauchzehen, geviertelt
je 1/2 Teelöffel:
- Salz
- Kurkuma
- getrockneter Koriander

je 1/4 Teelöffel:
- Chilipulver
- Zimt

Butterfett (Ghee/Ghiu) oder Öl

So wird es gemacht:

☺ Butterfett in einem Topf zerlassen ➟ Leberwürfel dazugeben und kurz braten, bis sie Farbe annehmen ➟ alle anderen Zutaten untermengen ➟ Topf zudecken und bei schwacher Hitze ca. 10 Minuten köcheln lassen, bis die Leber gar ist. Evtl. etwas Wasser dazugeben ➟ heiß servieren.

✯✯✯✯✯✯✯✯✯✯

Teigspeisen

Fladenbrot
Schapati / Phulka

Zutaten:

2 Tassen Mehl
3/4 Tasse Wasser
1/4 Teelöffel Salz

So wird es gemacht:

☺ Mehl sieben ➡ Salz und Wasser dazugeben und zu einem Teig kneten ➡ den Teig in 10 bis 12 Stücke teilen ➡ die Stücke einzeln zu runden Fladen ausrollen ➡ die ausgerollten Fladen mit einem Tuch abdecken ➡ 1 Stunde ruhen lassen.

☺ Backofen auf 250°C vorheizen ➡ Fladenbrote auf ein Backblech legen und 2 bis 3 Minuten backen ➡ die Fladen müssen wie ein Ball aufgehen ➡ heiß oder kalt servieren.

✳ Die Fladen dürfen nicht braun werden, sonst werden sie hart.

☆☆☆☆☆☆☆☆☆☆☆☆

Maisbrot
Makaiko Roti

Zutaten:

2 Tassen Maismehl
Butter
1/2 Teelöffel Salz
1 Tasse Wasser

So wird es gemacht:

☺ Mehl sieben ➡ mit Salz und Wasser zu einem Teig kneten ➡ daraus 10 Bällchen formen ➡ zu Fladen verarbeiten (ca. 1,5 cm dick) ➡ beim Ausrollen Mehl verwenden, damit die Fladen nicht brechen ➡ ein Backblech mit Butter bestreichen und die Fladen darauf legen (Vorsicht beim Heben, damit die Fladen nicht brechen!) ➡ in den vorgeheizten Backofen (ca. 175 °C) schieben und backen ➡ zwischendurch wenden und prüfen, ob die Fladen gar sind (Mit dem Finger eindrücken: wenn die Fladen gar sind, fühlt sich der Teig fest an.)

☆☆☆☆☆☆☆☆☆☆☆

Teigtaschen mit Kartoffeln
Alu /alo Puri

Zutaten:

2 Tassen Mehl
1/2 Teelöffel Salz
ca. 250 g Kartoffeln, geschält, gewürfelt, gar gekocht und mit einer Gabel püriert
je 1/4 Teelöffel:
- Garam Masala
- Chilipulver

evtl. 1/4 Teelöffel Pfefferkörner
Salz
Butterfett (Ghee/Ghiu) oder Öl

So wird es gemacht:

☺ Mehl sieben ➟ Salz und Wasser dazugeben und zu einem Teig kneten ➟ ca. 30 Minuten stehen lassen.
☺ Kartoffelpüree gut mit Gewürzen und Salz mischen.
☺ Mehlteig nochmals kneten ➟ in 10 Stücke teilen ➟ die Stücke einzeln zu runden Fladen ausrollen ➟ mit den Fingern auf die Fladenoberfläche drücken, damit sie beim Backen nicht aufgehen ➟ auf eine Hälfte jedes Teigfladens Füllung geben ➟ die leere Seite über die Füllung legen (halbmondförmig) und die Ecken zusammendrücken, dann seitlich hochheben und mit den Fingern rollen, damit die Füllung beim Braten nicht auslaufen kann.
☺ Butterfett oder Öl in einer großen Pfanne erhitzen ➟ die fertigen Teigtaschen darin braten ➟ beide Seiten müssen braun werden ➟ heiß mit Achar servieren.
✳ Man kann auch andere gekochte Füllungen verwenden, z.B. kleine grüne oder gelbe Bohnen, Lauch u.v.a.

☆☆☆☆☆☆☆☆☆☆

Gedämpftes Brot

Lukun Mari / Lukun Momo

Zutaten:

3 Tassen Mehl
1 Päckchen Trockenhefe
1/2 Teelöffel Zucker
1 Esslöffel Rosinen
1/2 Tasse zerkleinerte Nüsse
1 Esslöffel Butterfett (Ghee/Ghiu) oder Butter
1/2 Teelöffel Salz

So wird es gemacht:

☺ Mehl sieben ➟ Salz und Hefe dazugeben und gut mischen ➟ alle anderen Zutaten und eine Tasse Wasser dazugeben und gut kneten ➟ den Teig in Stücke teilen und zu Kugeln oder Rollen formen ➟ ein Geschirrtuch über einen Topf mit Wasser spannen ➟ Teigkugeln darauflegen ➟ Topf zudecken ➟ Wasser zum Kochen bringen ➟ 10 bis 15 Minuten dämpfen lassen, bis der Teig gar ist ➟ heiß mit Butter servieren.

☆☆☆☆☆☆☆☆☆☆☆

Gedämpfter Reisteig

Lonscha Mari

Zutaten:

3 Tassen Reismehl
1 Tasse heißes Wasser
1 Tasse brauner Zucker
1/2 Teelöffel Trockenhefe

So wird es gemacht:

☺ Reismehl, Zucker und Hefe vermischen ➟ Wasser dazugeben und gut kneten ➟ Reisteig zu kleinen Kugeln formen, dann mit den Händen zu kleinen flachen Fladen drücken ➟ in einem Dampftopf mit etwas Butter 10 bis 15 Minuten dämpfen. Man kann auch wie im vorigen Rezept verfahren: Geschirrtuch über einen mit Wasser gefüllten Topf spannen ➟ die Fladen darauf legen ➟ Topf zudecken ➟ Wasser zum Kochen bringen und 10 bis 15 Minuten dämpfen lassen, bis die Fladen gar sind.

☆☆☆☆☆☆☆☆☆☆☆

Kartoffelpfannkuchen

Alu /Alo Parotha

Zutaten:

2 Tassen Mehl
1 große oder 2 mittelgroße Kartoffeln
1 kleine Zwiebel, gehackt
je 1/2 Teelöffel Garam Masala, Chilipulver und Salz
2 cm Ingwerwurzel, gehackt
Butterfett (Ghee/Ghiu)

So wird es gemacht:

☺ Kartoffeln kochen, pellen und mit einer Gabel pürieren ➟ Zwiebeln und Ingwerwurzel dazugeben und gut mischen ➟ 3 Esslöffel Butterfett in einer Pfanne erhitzen ➟ Kartoffelpüree dazugeben ➟ salzen und würzen ➟ bei mittlerer Hitze 4 bis 5 Minuten braten ➟ abkühlen lassen.

☺ Mehl sieben und in eine Schüssel geben ➟ Kartoffelpüree, 4 Esslöffel Butterfett und etwas Salz zum Mehl geben und gut kneten ➟ den Teig in 10 kleine Bällchen teilen ➟ mit beiden Händen zu Fladen formen ➟ Butterfett in einer Pfanne erhitzen und die geformten Fladen von beiden Seiten goldbraun braten ➟ zu Gemüse oder Fleisch-Curry servieren.

☆☆☆☆☆☆☆☆☆☆☆

Bohnenpfannkuchen

Bakulako Roti

Zutaten:

200 g frische oder tiefgefrorene breite Bohnen, mit kochendem Wasser überbrüht und die Schalen entfernt
1 Zwiebel, gehackt
1 cm Ingwerwurzel, gehackt
je 1/4 Teelöffel Salz, getrockneter Koriander und Chilipulver
Öl

So wird es gemacht:

☺ Bohnen, Zwiebeln und Ingwerwurzel in einem Mörser zerstampfen ➟ in eine Schüssel geben ➟ Gewürze darüber streuen ➟ etwas Wasser hinzufügen und zu einer dickeren Paste kneten ➟ etwas Öl in eine Pfanne geben ➟ Herdplatte auf kleine Flamme stellen ➟ mit Hilfe eines großen Löffels Bohnenpaste in die Pfanne geben und in Fladen teilen ➟ rund um die Bohnenfladen etwas Öl geben ➟ einige Minuten braten, dann umdrehen und die andere Seite gar braten. Auf diese Art fortfahren, bis die Bohnenpaste aufgebraucht ist ➟ heiß servieren.

☆☆☆☆☆☆☆☆☆☆☆

Reispfannkuchen
Schatamari

Zutaten:

2 Tassen Reismehl
1½ Tassen Wasser
Salz
1 Ei, in einem Glas aufgeschlagen und verrührt
Butterfett (Ghee/Ghiu) oder Butter

So wird es gemacht:

☺ Reismehl, Salz und Wasser zu einem Teig kneten ➟ etwas Butterfett oder Butter in einer Pfanne zerlassen ➟ 1/4 Tasse Reisteig in die Pfanne geben, dabei die Pfanne im Kreis drehen, damit ein runder Pfannkuchen entsteht ➟ Ei über den Pfannkuchen geben ➟ Pfanne zudecken und 3 bis 5 Minuten garen, nicht umdrehen! Wenn das Ei gestockt ist, ist der Pfannkuchen gar ➟ heiß servieren.

✳ Man kann den Reispfannkuchen auch ohne Ei braten und heiß zu Gemüse und Achar (Chutney) servieren.

☆☆☆☆☆☆☆☆☆☆☆

Teigbällchen mit Fleisch
Momo / Momocha

Zutaten:

2 Tassen Mehl
200 g Hackfleisch
2 Knoblauchzehen, mit Salz zerdrückt
2 cm Ingwerwurzel, fein gehackt
1 Zwiebel, fein gehackt
je 1/2 Teelöffel Chilipulver, Koriander, Zimt, Kümmel und Kurkuma
Öl oder zerlassenes Butterfett

So wird es gemacht:

☺ Mehl sieben und mit 1/2 Teelöffel Salz und Wasser zu einem Teig kneten, dann in kleine Teile schneiden und jedes Teil zu einem Bällchen formen.
☺ Hackfleisch ein bis zweimal durch den Fleischwolf drehen ➠ Gewürze, Salz und 2 Esslöffel Öl oder zerlassenes Butterfett dazugeben und zu einem Fleischteig kneten, dann in kleine Stücke teilen (bis der Teig vollständig verarbeitet ist) und zu kleinen Kugeln formen.
☺ Eine Mehlteigkugel in Mehl tauchen ➠ Zeigefinger in die Mitte drücken und die Teigkugel drehen, damit eine Art Höhle entsteht ➠ mit der Fleischkugel füllen und die Öffnung zudrücken ➠ reichlich Salzwasser in einem Topf zum Kochen bringen ➠ die gefüllten Teigbällchen darin ca. 15 Minuten ziehen lassen, bis sie von allein an die Oberfläche steigen ➠ in ein Sieb geben und abtropfen lassen ➠ heiß mit Achar oder Soße servieren.
✳ **Achtung:**
Nicht zu viele Bällchen auf einmal in den Topf geben.

☆☆☆☆☆☆☆☆☆☆

Gefüllte Reisbällchen
Yo Mari

Zutaten:

2 Tassen Reismehl
1 Tasse kochendes Wasser
1/2 Tasse Sesamkerne
1/2 Tasse brauner Zucker
2 Esslöffel Reismehl

So wird es gemacht:

☺ Reismehl mit dem kochenden Wasser zu einem Teig kneten ➠ mit einem nassen Tuch bedecken und ca. 30 Minuten stehen lassen.
☺ Sesamkerne in einer Pfanne rösten ➠ in einen Mörser geben und zerstampfen ➠ mit braunem Zucker und 2 Esslöffeln Maismehl gut mischen ➠ etwas Wasser dazugeben und gut kneten, bis eine weiche Paste entstanden ist.
☺ Reismehlteig nochmals kneten ➠ in kleine Bällchen teilen ➠ Zeigefinger in die Mitte drücken und die Teigkugeln drehen, damit eine Art Aushöhlung entsteht ➠ mit der Sesampaste füllen und die Öffnung zudrücken ➠ reichlich Salzwasser in einem Topf zum Kochen bringen ➠ die gefüllten Teigbällchen darin 13 bis 15 Minuten ziehen lassen, bis sie von allein an die Oberfläche steigen (oder in einen Dampftopf geben) ➠ in ein Sieb geben und abtropfen lassen.
✳ **Achtung:**
Nicht zu viele Bällchen in den Topf geben.

☆☆☆☆☆☆☆☆☆☆☆

Nepalesischer Teig-Dhido

Zutaten:

1 Tasse Reismehl
1 Esslöffel Zucker
1 Esslöffel Butterfett (Ghee/Ghiu)
2 Tassen Wasser

So wird es gemacht:

☺ Wasser zum Kochen bringen. Wenn das Wasser zu kochen anfängt, nach und nach das Reismehl löffelweise dazugeben und ständig rühren, damit keine Klumpen entstehen ➠ Zucker und Butterfett dazugeben ➠ bei schwacher Hitze 10 bis 15 Minuten kochen, bis der Teig gar ist.

✳ Man kann auch andere Mehlsorten verwenden, z. B. Hirse, Mais oder Weizenmehl. Falls Sie andere Mehlsorten verwenden, benutzen Sie Salz statt Zucker und servieren Sie den Teig zu Gemüsegerichten.

☆☆☆☆☆☆☆☆☆☆☆

Hausgemachte Nudeln
Gharme Banako Schau Schau

Zutaten:

2 Tassen Mehl
2 Eidotter
Salz

So wird es gemacht:

☺ Mehl sieben ➠ Eidotter, Salz und Mehl zu einem steifen Teig kneten ➠ ca. 30 Minuten stehen lassen ➠ Nudelteig teilen und in dünne Streifen schneiden, dann rollen und zerkleinern ➠ auf ein Brett legen und trocknen lassen.

☆☆☆☆☆☆☆☆☆☆☆

Nudeln mit Bohnen
Panti Roti / Gwarscha

Zutaten:

2 Tassen Mehl
2 Eidotter
1/2 Tasse getrocknete Bohnen (Sorte nach Belieben), über Nacht in Wasser eingeweicht
1 Tasse Blattspinat
1 Teelöffel Petersiliensamen
Salz und Butter

So wird es gemacht:

☺ Bohnen in einem Topf mit 3 Tassen Wasser gar kochen. In der Zwischenzeit das Mehl, Eidotter und etwas Salz zu einem Teig verarbeiten ➟ ausrollen ➟ in 2 cm breite Streifen schneiden ➟ zerkleinern ➟ wenn die Bohnen gar sind, Nudelstreifen dazugeben und ca. 10 Minuten köcheln lassen ➟ Spinat untermengen ➟ in einer Pfanne Butter erhitzen und die Petersiliensamen rösten, bis sie eine dunkle Farbe annehmen ➟ zum Nudelgericht geben und heiß servieren.

☆☆☆☆☆☆☆☆☆☆

Spaghetti mit Gemüse
Schau Schau ra Tarkari

Zutaten:

1 Paket Spaghetti
200 bis 250 g verschiedene Gemüsesorten (grüne Bohnen, Karotten, Blumenkohl, Erbsen...), gewaschen und zerkleinert
je 1/4 Teelöffel Chilipulver, Pfeffer und Kümmelpulver
1/2 Teelöffel Salz
Butterfett (Ghee/Ghiu) oder Butter

So wird es gemacht:

☺ Spaghetti kochen ➟ in ein Sieb geben, abschrecken und abtropfen lassen.
☺ Gemüse in Salzwasser gar kochen ➟ in ein Sieb geben und abtropfen lassen.
☺ 1 Esslöffel Butterfett in einem Topf zerlassen ➟ Spaghetti dazugeben und braten ➟ Gemüse Salz und Gewürze untermengen ➟ kurz erwärmen und heiß servieren.

☆☆☆☆☆☆☆☆☆☆☆

Süßspeisen, Gebäck und Getränke

Reiskrapfen-Sel

Zutaten:

1 Tasse Reis
3/4 Tasse Puderzucker
1-2 Esslöffel Butterfett (Ghee/Ghiu)
Öl zum Braten

So wird es gemacht:

☺ Reis waschen ➟ ca. 2 Stunden in kaltem Wasser einweichen ➟ in ein Sieb geben und abtropfen lassen, mit einer Küchenmaschine mahlen ➟ Zucker und Butterfett dazugeben und gut mischen ➟ nach und nach Wasser dazugeben und zu einem etwas flüssigeren Teig verarbeiten.
☺ Öl in einer tiefen Pfanne erhitzen ➟ etwas Reisteig in eine kleine Schale geben und vorsichtig in das heiße Öl laufen lassen, dabei zu einem Kreis formen ➟ von beiden Seiten goldbraun braten ➟ heiß oder kalt servieren.

✧✧✧✧✧✧✧✧✧✧

Fritierter Kürbis
Farisko Malpuwa / Fasi Malpuwa

Zutaten:

1 Tasse zerkleinerter Kürbis
1 Tasse brauner Zucker
1 Tasse Milch oder Wasser
1/2 Tasse Sesamsamen

1 Teelöffel Anissamen
1/2 Teelöffel Backpulver
1 Tasse Weizenschrot
Öl oder Butterfett (Ghee/Ghiu) zum Braten

So wird es gemacht:

☺ Alle Zutaten zu einem dickflüssigen Teig verarbeiten.
☺ Öl oder Butterfett in einem Topf oder einer tiefen Pfanne erhitzen ➟ Kürbisteig löffelweise in das heiße Öl geben und braun braten ➟ mit einem Schaumlöffel herausnehmen und abtropfen lassen ➟ heiß oder kalt servieren.

✧✧✧✧✧✧✧✧✧✧

Reispudding
Kheer

Zutaten:

1 Tasse Langkornreis
4 Tassen Milch
1 Tasse Zucker
1/4 Tasse getrocknete Früchte
2 bis 3 Esslöffel Kokosnussraspel
1 Teelöffel Kardamompulver
1 bis 2 Esslöffel Butterfett (Ghee/Ghiu)

So wird es gemacht:

☺ Reis waschen ➟ in ein Sieb geben und abtropfen lassen ➟ Butterfett dazugeben und gut mischen.
☺ Milch in einen Topf geben und langsam zum Kochen bringen ➟ kurz aufkochen lassen, dann bei mittlerer Hitze brodeln lassen, bis ca. 1 Tasse Milch verdunstet ist ➟ Reis dazugeben und gut mischen ➟ weiterhin kochen, bis der Reis gar und die Flüssigkeit dick ist ➟ Zucker und getrocknete Früchte untermengen und für einige Minuten kochen ➟ Reispudding in Schalen füllen ➟ abkühlen lassen ➟ mit Kokosnussraspeln und Kardamom garnieren ➟ kalt servieren.

✧✧✧✧✧✧✧✧✧✧

Maispudding
Makaiko Kheer / Kanie Kheer

Zutaten:

1 Tasse frische Maiskörner
4 Tassen Milch
1 Tasse Zucker
3/4 Tasse getrocknete Früchte
2 bis 3 Esslöffel Kokosnussraspel
1 Teelöffel Kardamompulver

So wird es gemacht:

☺ Mich in einen Topf geben und langsam zum Kochen bringen ➟ kurz aufkochen lassen, dann bei mittlerer Hitze brodeln lassen, bis ca. 1 Tasse Milch verdunstet ist ➟ Maiskörner dazugeben und gut mischen ➟ weiterhin kochen, bis die Maiskörner gar sind und die Flüssigkeit dick ist ➟ Zucker und getrocknete Früchte untermengen und für einige Minuten kochen ➟ Maispudding in Schalen füllen ➟ abkühlen lassen ➟ mit Kokosnussraspeln und Kardamom garnieren ➟ kalt servieren.

✳ Man kann auch Weizenschrot statt Mais nehmen (Schhoyan Kheer). In diesem Falle Weizenschrotkörner über Nacht in kaltem Wasser einweichen ➟ in ein Sieb geben und abtropfen lassen, dann wie oben beschrieben verarbeiten.

✧✧✧✧✧✧✧✧✧✧

Sojabällchen
Musiaia Lado

Zutaten:

2 Tassen Sojabohnenmehl
1/2 Tasse Butterfett (Ghee/Ghiu)
1 Tasse Zucker
1/2 Tasse Milch
1 Teelöffel Kardamom

3/4 Tasse getrocknete Früchte, zerkleinert
1/4 Tasse Kokosnussraspel, Pistazien und Cashewnüsse, zerkleinert

So wird es gemacht:

☺ Butterfett in einer Pfanne zerlassen ➠ Sojabohnenmehl dazugeben ➠ bei schwacher Hitze rösten, bis das Mehl Farbe annimmt ➠ Zucker, Kardamom und Milch dazugeben und gut mischen ➠ zerkleinerte Früchte und Nüsse dazugeben ➠ das noch heiße Gemisch mit beiden Händen zu kleinen Kugeln formen ➠ kalt servieren.

✧✧✧✧✧✧✧✧✧✧

Erdnusskonfekt

Badamkou Schiki / Badambya Barfi

Zutaten:

500 g geschälte Erdnüsse
2 Tassen Zucker
2 Tassen Milch
100 ml Wasser

So wird es gemacht:

☺ Erdnüsse in kaltem Wasser 1 bis 2 Stunden einweichen ➠ abtropfen lassen und grob mahlen.

☺ Wasser in einen Topf geben ➠ Zucker dazugeben und rühren, bis er sich aufgelöst hat dabei das Wasser zum Kochen bringen ➠ Milch und gemahlene Erdnüsse dazugeben und gut mischen ➠ bei schwacher Hitze und unter ständigem Rühren brodeln lassen, bis die Masse dick wird ➠ eine flache Form mit Butter oder Butterfett einreiben ➠ Erdnussmasse in die Form geben und verteilen ➠ stehen lassen, bis die Masse fest ist, dann in Streifen oder Vierecke schneiden.

Fritiertes Gebäck in Sirup

Jilebi / Jeri

Zutaten:

250 g Mehl
2 Esslöffel Jogurt
1 Teelöffel roten oder gelben Lebensmittelfarbstoff
Öl zum Fritieren

Zutaten für den Sirup:

2 Tassen Zucker
2 Tassen Wasser
1 Teelöffel Rosenwasser

So wird es gemacht:

Teig zubereiten:

✳ Mehl sieben und in eine Schüssel geben ➡ ca. 1 Tasse Wasser dazugeben und zu einem glatten Teig kneten ➡ Lebensmittelfarbe dazugeben und gut kneten ➡ über Nacht stehen lassen ➡ vor dem Gebrauch Jogurt dazugeben und verkneten.

Sirup zubereiten:

✳ Zucker mit Wasser zum Kochen bringen ➡ umrühren, bis sich der Zucker aufgelöst hat ➡ bei schwacher Hitze ca. 10 Minuten brodeln lassen, bis der Sirup dick wird ➡ vom Herd nehmen ➡ Rosenwasser dazugeben, gut mischen und beiseite stellen.

☺ Teig in einen Spritzbeutel oder eine Presse geben ➡ Öl in einer Pfanne erhitzen ➡ Teigkringel von ca. 8 cm Durchmesser direkt in das heiße Öl pressen ➡ von beiden Seiten goldbraun backen ➡ 1 Minute in Sirup tauchen ➡ auf einen Teller schichten und servieren.

Süße Karotten

Gaiarko Halua / Gajar Haluwa

Zutaten:

1 Tasse zerkleinerte Karotten
1 1/2 Tassen Milch
1 Tasse Zucker
2 bis 3 Esslöffel Butter oder Butterfett (Ghee/Ghiu)
1 Teelöffel Kardamom
3 Esslöffel Rosinen
je 2 Esslöffel Mandelsplitter und Kokosnussraspel

So wird es gemacht:

☺ Milch und Karotten in einen Topf geben und bei mittlerer Hitze kochen, bis die Karotten gar sind ➟ ab und zu umrühren ➟ Zucker und Rosinen untermengen ➟ umrühren, bis sich der Zucker aufgelöst hat und eine dicke Masse entstanden ist ➟ vom Herd nehmen ➟ eine flache Form mit Butter oder Butterfett einreiben und mit der fertigen Speise füllen ➟ mit Kardamom, Mandeln und Kokosnussraspeln garnieren, dann diagonal schneiden und servieren.

✧✧✧✧✧✧✧✧✧✧

Süße Mehlspeise

Pitoko Halua

Zutaten:

1 Tasse Mehl
3/4 Tasse Zucker
1/4 Tasse Wasser
2 Esslöffel Butter oder Butterfett (Ghee/Ghiu)
1 Teelöffel Kardamom
Mandelsplitter und Kokosnussraspel

So wird es gemacht:

☺ Mehl sieben ➟ Butter oder Butterfett in einer Pfanne zerlassen ➟ Mehl dazugeben und rösten, bis das Mehl Farbe annimmt ➟ Wasser und Zucker dazugeben und mischen ➟ wenn das Wasser verdunstet ist, Mehlspeise in eine flache Form geben ➟ mit Kardamom, Mandelsplittern und Kokosnussraspeln garnieren.

✧✧✧✧✧✧✧✧✧✧

Sojakekse-Musiaia Nankhatia

Zutaten:

1/2 Tasse Sojabohnenmehl
1/2 Tasse Keksmehl
1/2 Tasse Butter oder Butterfett (Ghee/Ghiu)
1/2 Tasse Zucker
2 Esslöffel Milch

So wird es gemacht:

☺ Zucker, Milch und Butter zu einer feinen Paste vermischen ➟ Mehl nach und nach dazugeben und gut verkneten ➟ den fertigen Teig zu kleinen Bällchen verarbeiten ➟ auf ein eingefettetes Backblech legen und im vorgeheizten Backofen (ca. 200 °C) 20 bis 30 Minuten backen.

✧✧✧✧✧✧✧✧✧✧

Kokosnusskaramell Naikia Barfi

Zutaten:

1 Tasse zerkleinerte Kokosnuss
1 Tasse Wasser
1 Tasse Zucker
1 Esslöffel Rosen- oder Orangenblütenwasser

So wird es gemacht:

☺ Zucker in Wasser auflösen und ca. 10 Minuten kochen ➟ Kokosnuss dazugeben und bei schwacher Hitze brodeln lassen, bis die Masse dick wird ➟ vom Herd nehmen ➟ Rosen- oder Orangenblütenwasser dazugeben und rühren ➟ die fertige Masse auf ein flaches ein gefettetes Backblech geben ➟ wenn die Masse fester wird, in kleine Stücke schneiden.

✧✧✧✧✧✧✧✧✧✧

Apfelsaft-Belko Scherbat

Zutaten:

500 g reife Äpfel
1 Esslöffel Zucker
Wasser

So wird es gemacht:

☺ Äpfel halbieren ➟ Kerngehäuse entfernen ➟ schälen ➟ in Stücke schneiden ➟ mit Zucker bestreuen ➟ in einen Mixer geben und zu Brei verarbeiten ➟ mit Wasser zu einem dicken Saft mischen ➟ kalt servieren.

✧✧✧✧✧✧✧✧✧✧

Wassermelonensaft Tarbojaka Scherbat

Zutaten:

1 kleine Wassermelone
1 Esslöffel Zucker
evtl. 1 Esslöffel Jogurt
Man kann statt Zucker auch eine Prise Salz oder Pfeffer nehmen.

So wird es gemacht:

☺ Melone schälen ➟ in Streifen schneiden ➟ Kerne entfernen und in Stücke schneiden ➟ alle anderen Zutaten dazugeben ➟ mit Hilfe einer Gabel gut vermischen, bis Saft entstanden ist ➟ falls nötig, etwas Wasser dazugeben und gut mischen ➟ kalt servieren.

✧✧✧✧✧✧✧✧✧✧✧

Tamarindensaft-Jaljira

Zutaten:

1/2 Bund Pfefferminze, Blätter gewaschen und gehackt
1 Teelöffel gemahlener Kümmel
ca. 200 g Tamarinde
Salz, Zucker und 1 Prise Chilipulver

So wird es gemacht:

☺ Tamarinde in 1 Liter Wasser 3 bis 4 Stunden einweichen ➟ die eingeweichte Tamarinde mit beiden Händen zerkleinern ➟ umrühren und für 1 weitere Stunde stehen lassen ➟ Tamarinde in ein Sieb geben und das Wasser in einem Topf auffangen ➟ gehackte Pfefferminze mit Kümmel mischen und zu dem Tamarindewasser geben ➟ mit Salz, Zucker und Chilipulver abschmecken ➟ kurz aufkochen lassen ➟ eiskalt servieren.

✧✧✧✧✧✧✧✧✧✧✧

Ananasgetränk
Bhui Kataharkou Scherbat

Zutaten:

2 Tassen frisch gepresster Ananassaft
2 Tassen Zucker
2 Tassen Wasser
4 Teelöffel Zitronensaft
gelber Lebensmittelfarbstoff

So wird es gemacht:

☺ Ananassaft in einen Topf geben ➟ Wasser und Zucker dazugeben und mischen, bis sich der Zucker aufgelöst hat ➟ kurz aufkochen lassen, dann bei schwacher Hitze brodeln lassen, bis die Flüssigkeit fest wird ➟ umrühren ➟ vom Herd nehmen ➟ abkühlen lassen ➟ in eine Flasche füllen und gut verschließen ➟ an einen kühlen Platz stellen ➟ zum Trinken 2 Esslöffel Ananassirup in ein Glas geben und mit eiskaltem Wasser aufgießen.

✳ Man kann Ananas- und Orangensaft mischen oder nur Orangensaft verwenden.

✧✧✧✧✧✧✧✧✧✧

Tomatensaft
Goldeducko Ras

Zutaten:

2 Tassen frischer Tomatensaft
1/2 Tasse Wasser
1 Teelöffel Zitronensaft
je 1 Teelöffel Salz und Pfeffer

So wird es gemacht:

☺ Alle Zutaten gut mischen ➟ kalt oder warm servieren.

Jogurt-Getränk
Lassi

Zutaten:

250 ml Jogurt
150 ml Wasser
1 Teelöffel Kümmel
Salz

So wird es gemacht:

☺ Kümmelsamen in einer Pfanne ohne Öl oder Butter rösten.
☺ Jogurt, Wasser und gerösteten Kümmel in eine Schale geben und mischen ➟ abschmecken ➟ kalt servieren.

✧✧✧✧✧✧✧✧✧✧

Variante 2-Lassi (süß)

Zutaten:

250 ml Jogurt
150 ml Wasser
Zucker
Rosen- oder Orangenblütenwasser

So wird es gemacht:

☺ Jogurt mit Wasser gut mischen ➟ mit Zucker abschmecken ➟ 1 bis 2 Esslöffel Rosen- oder Orangenblütenwasser dazugeben und gut mischen ➟ kalt servieren.

✧✧✧✧✧✧✧✧✧✧

Soßen

Gewürz-Soße
Masala-Sauce

Zutaten:

1 Zwiebel, fein gehackt
1 Knoblauchzehe, mit Salz zerdrückt
1 Esslöffel Tomatenmark, in 1 Tasse Wasser aufgelöst
1 Teelöffel Sojasoße
2 Teelöffel Zucker
100 g klein gehackte Ananasstücke
Öl, Butter oder Butterfett (Ghee/Ghiu)

So wird es gemacht:

☺ Öl in einer Pfanne erhitzen ➡ Zwiebeln und Knoblauch dazugeben und braten, bis sie Farbe annehmen ➡ Tomatensoße darüber gießen und auf kleiner Flamme kochen ➡ Sojasoße, Zucker und Ananas dazugeben und umrühren ➡ evtl. 1 Esslöffel Ananassaft darüber gießen ➡ kurz zum Kochen bringen, dann auf kleiner Flamme 5 bis 6 Minuten köcheln lassen ➡ vom Herd nehmen und in eine Schüssel geben ➡ zu Fleisch- oder Gemüsegerichten servieren.

☆☆☆☆☆☆☆☆☆☆☆

Tomaten-Soße
Golbheda ko Sauce

Zutaten:

2 Tassen gehackte Tomaten
2 Tassen Fleischbrühe
1 große Zwiebel, gehackt
3 Knoblauchzehen, mit Salz zerdrückt
1 grüne Chilischote, längs halbiert, Samen entfernt und fein gehackt
4 Esslöffel Mehl
4 Esslöffel Butter oder Butterfett (Ghee/Ghiu)
je 1/2 Teelöffel Kümmelpulver und Korianderpulver
Salz und Pfeffer zum Abschmecken

So wird es gemacht:

☺ Butter oder Butterfett in einer Pfanne erhitzen ➟ Zwiebeln, Chili und Knoblauchpaste dazugeben und dünsten ➟ Mehl darüber streuen und mischen ➟ abschmecken ➟ Tomaten, Koriander, Kümmel und Fleischbrühe dazugeben und gut mischen ➟ bei schwacher Hitze köcheln lassen, bis eine dickere Soße entstanden ist ➟ abkühlen lassen und servieren.

☆☆☆☆☆☆☆☆☆☆☆

Spießfleisch-Soße-Masu-Sauce

Zutaten:

1 Tomate, halbiert, entkernt und gehackt
1 Zwiebel, fein gehackt
1/2 Chilischote, entkernt und gehackt
je 1 Esslöffel Pfefferminzblätter und Petersilienblätter, gehackt
1 Teelöffel gehackte Ingwerwurzel
1/4 Teelöffel Koriander
1/8 Teelöffel Chilipulver
je 1 Esslöffel Öl und Zitronensaft
Salz

So wird es gemacht:

☺ Zwiebeln und Tomaten in eine Schüssel geben ➡ Zitronensaft darüber geben und salzen ➡ alle anderen Zutaten in einem Mörser zerdrücken und daruntermengen ➡ 1 Esslöffel Öl darüber geben und gut mischen ➡ kalt stellen ➡ zum Spießfleisch servieren.

☆☆☆☆☆☆☆☆☆☆☆

Frikadellen-Soße-Kufta-Sauce

Zutaten:

2 Tomaten, halbiert, entkernt und gehackt
1 große Zwiebel, fein gehackt
1 Knoblauchzehe, fein gehackt
3 Esslöffel gehackte Petersilie
1/4 l Jogurt
je 1 Teelöffel Kurkuma und Kümmel
je 1/2 Teelöffel Currypulver und Korianderpulver
50 g Butterfett (Ghee/Ghiu), Butter oder Öl
Salz

So wird es gemacht:

☺ Butterfett in einer Pfanne erhitzen ➡ Zwiebeln und Knoblauch dazugeben und goldbraun braten ➡ Tomaten, Gewürze und 1 Teelöffel Salz dazugeben und so lange braten, bis die meiste Flüssigkeit verdampft ist ➡ gehackte Petersilie untermengen ➡ Jogurt darüber gießen und gut vermengen ➡ kurz aufkochen lassen ➡ vom Herd nehmen und heiß zu Frikadellen servieren.

oder: Soße auf kleiner Flamme kochen ➡ die fertigen Frikadellen hineinlegen ➡ Pfanne zudecken und 6 bis 7 Minuten köcheln lassen ➡ in eine Servierschüssel geben ➡ heiß mit Brot servieren.

☆☆☆☆☆☆☆☆☆☆☆

Tamarindensoße

Zutaten:

1 Tasse Tamarinde
3 Tassen Wasser
1/2 Tasse Zucker
1 Zwiebel, gehackt
1 Knoblauchzehe, zerdrückt
2 Kardamomkapseln, angeschnitten
1 Teelöffel Zitronensaft
1 bis 2 Esslöffel Rosenwasser
1 Esslöffel Butter oder Butterfett (Ghee/Ghiu)

So wird es gemacht:

☺ Tamarinde in einen mit 3 Tassen Wasser gefüllten Topf geben und ca. 30 Minuten einweichen ➟ Tamarindestücke mit der Hand zerdrücken ➟ Topfinhalt zum Kochen bringen, dabei ständig rühren ➟ vom Herd nehmen und durch ein feines Sieb geben (Tamarindewasser in einem Topf auffangen).

☺ Butterfett oder Butter in einem Topf zerlassen ➟ Zwiebeln und Knoblauch dazugeben und glasig dünsten ➟ Tamarindewasser darüber gießen ➟ langsam zum Kochen bringen ➟ Zucker, Kardamomkapseln und Zitronensaft dazugeben ➟ gut umrühren ➟ kochen lassen, bis die Soße dicker wird ➟ abschmecken ➟ Rosenwasser dazugeben ➟ kurz umrühren und vom Herd nehmen.

☆☆☆☆☆☆☆☆☆☆☆

Currysoße

Zutaten:

1/2 Tasse Wasser
1/2 Tasse Kokosnussmilch (siehe unten)
1 Zwiebel, gehackt
1 Knoblauchzehe, mit Salz zerdrückt
2 Esslöffel Mehl
1/2 Teelöffel Chilipulver
1 Esslöffel Currypulver
2 Esslöffel Butterfett (Ghee/Ghiu) oder Butter
Salz
Pfeffer

So wird es gemacht:

☺ **Kokosnussmilch:** Fruchtfleisch einer Kokosnuss mit der Hand reiben (oder fertig geriebene Kokosnuss) ➟ 1/2 Liter heißes Wasser dazugeben ➟ mit einem Schneebesen oder einer Elektroküchenmaschine kräftig schlagen ➟ ein Sieb mit einem Küchentuch auslegen ➟ Kokosnussbrei hineingeben ➟ mit einem Löffel kräftig pressen ➟ die Enden des Tuches zusammenhalten und kräftig wringen, damit die restliche Flüssigkeit aus dem Brei heraustropfen kann.

☺ Butterfett oder Butter in einem Topf erhitzen ➟ Zwiebeln und Knoblauchpaste dazugeben und glasig dünsten ➟ Mehl untermengen und weiterhin dünsten, bis das Mehl Farbe annimmt ➟ Wasser und Kokosnussmilch vorsichtig darüber gießen und umrühren ➟ Chilipulver und Currypulver darüber gießen und gut umrühren ➟ abschmecken ➟ 1 Minute kochen lassen, dann vom Herd nehmen ➟ zu Fleisch, Fisch oder Hähnchen servieren.

☆☆☆☆☆☆☆☆☆☆☆

Chutneys / Achar

Hausgemachte Gewürzmischung

Kokosnuss-Chutney

Nariwal ko Achar

Zutaten:

1 Esslöffel gehackte Kokosnuss
1 Teelöffel gehackter Koriander
1/2 Chilischote, entkernt und gehackt
1/4 Esslöffel gehackte Ingwerwurzel
1/4 Teelöffel Kümmelsamen
1/4 Teelöffel Salz

So wird es gemacht:

☺ Alle Zutaten in einen Mörser geben und zerdrücken ➟ abschmecken ➟ zu Reis servieren.

★★★★★★★★★★

Variante 2-Narial-Achar

Zutaten:

50 g gehackte Kokosnuss
1 kleine Zwiebel, gehackt
1/4 Knoblauchzehe, gehackt
1/4 Teelöffel Ingwerwurzel
1 Esslöffel gehackte Ingwerwurzel
1/2 Chilischote, entkernt und fein gehackt
je 1/4 Teelöffel Senfpulver und Currypulver
1 Esslöffel Zitronensaft
Öl oder Butter
Salz

So wird es gemacht:

☺ Kokosnuss und Zitronensaft in den Mixaufsatz einer

Elektroküchenmaschine geben und kurz mixen ➟ alle anderen Zutaten (außer Mehl) dazugeben ➟ zu einer glatten Paste vermischen ➟ abschmecken ➟ Öl in einer Pfanne erhitzen ➟ Paste dazugeben und auf kleiner Flamme 1 Minute garen ➟ in eine Schale geben ➟ kalt servieren.

oder

☺ ➟ Kokosnuss, Zitronensaft, Knoblauch, Ingwerwurzel, Chilischote, Curry- und Senfpulver wie oben beschrieben zu einer Paste verarbeiten ➟ Öl in einer Pfanne erhitzen, dann Zwiebeln dazugeben und glasig braten, danach Ingwerwurzel dazugeben und weiterbraten, bis der Pfanneninhalt Farbe annimmt ➟ Kokosnusspaste dazugeben und auf kleiner Flamme 1 Minute unter ständigem Rühren garen ➟ in eine Schale geben und kalt servieren.

★★★★★★★★★★

Pfefferminz-Chutney

Barbiko Achar / Nawo Ghaen Achar

Zutaten:

1 Tasse Pfefferminzblätter, gewaschen und abgetropft
2 Knoblauchzehen, gehackt
1 Chilischote entkernt und gehackt
1 Esslöffel Öl
1/2 Teelöffel Kurkuma
Saft einer Zitrone
1/2 Teelöffel Bokskleesamen

So wird es gemacht:

☺ Pfefferminzblätter und Knoblauch in einem Mörser zerstampfen ➟ gehackte Chilischote und Salz dazugeben und zu einer Paste verarbeiten ➟ Zitronensaft dazugeben und gut mischen ➟ Öl in einer Pfanne erhitzen ➟ Bokskleesamen dazugeben und braten, bis die Samen eine dunkle Farbe annehmen ➟ Kurkuma darüber geben und kurz braten ➟ zu der Paste geben ➟ gut mischen und servieren.

★★★★★★★★★★

Mango-Chutney-Amb ko Achar

Zutaten:

3 Mangos (ca. 500 g)
1/4 Tasse Zucker
je 1 Esslöffel Koriander, Anissamen, dunkle Senfkörner und Salz
je 1 Teelöffel Kurkuma, Senfkörner, Tamarinde, Petersiliensamen und Chilipulver
1/2 Teelöffel Bokskleesamen (Methi)
1/2 Tasse Öl

So wird es gemacht:

☺ Mangos waschen und abtrocknen ➟ halbieren, Kerne entfernen, schälen, würfeln oder in Scheiben schneiden ➟ mit Salz und Kurkuma bestreuen ➟ gut mischen ➟ einen Tag stehen lassen.

☺ Senfkörner und Chili in einem Mörser zerstampfen ➟ alle anderen Zutaten (außer Mango und Boksklee) dazugeben und erneut stampfen ➟ zu den Mangos geben und gut mischen ➟ Öl in einer Pfanne erhitzen ➟ Bokskleesamen dazugeben und braten ➟ über die Mangomischung geben ➟ gut mischen und servieren.

★★★★★★★★★★★

Kartoffel-Chutney-Alu /Alo Achar

Zutaten:

500 g Kartoffeln
1/2 Tasse Sesamkerne
je 1/2 Teelöffel Bokskleesamen (Methi), Kurkuma und Chilipulver
3 Esslöffel Öl
1 Esslöffel Zitronensaft
etwas Wasser

So wird es gemacht:

☺ Kartoffeln mit Schalen in Salzwasser kochen ➟ Kartoffeln pellen und zerkleinern.
☺ Sesamkerne in einer Pfanne ohne Öl oder Fett rösten, bis die Samen in der Pfanne anfangen zu springen ➟ in einen Mörser geben und zerstampfen ➟ Sesampulver, Chili, Zitronensaft und Salz zu den Kartoffeln geben und gut mischen ➟ Öl in einer Pfanne erhitzen ➟ Bokskleesamen dazugeben und braten, bis die Körner eine dunkle Farbe annehmen ➟ Kurkuma untermengen ➟ Pfanneninhalt zum Kartoffelgemisch geben ➟ etwas Wasser hinzufügen und gut mischen ➟ mit Brot servieren.

★★★★★★★★★★★

Tomaten-Chutney

Golbedako Achar / Golbera Achar

Zutaten:

2 große Tomaten, gehackt
6 Knoblauchzehen, fein gehackt
1 Zwiebel gehackt
2 cm Ingwerwurzel, fein gehackt
je 1/2 Teelöffel Salz, Kurkuma und Bokskleesamen (Methi)
2 Chilischoten, halbiert, entkernt und gehackt
2 Esslöffel Öl
1 Esslöffel Pfefferminzblätter, gehackt

So wird es gemacht:

☺ Öl in einer Pfanne erhitzen ➟ Bokskleesamen dazugeben und rösten ➟ Kurkuma, Ingwerwurzel, Chili, Knoblauch und Zwiebeln untermengen und dünsten, bis sie Farbe annehmen ➟ Tomaten und Salz dazugeben und gut mischen ➟ bei schwacher Hitze 10 bis 15 Minuten köcheln lassen, bis eine dicke Soße entstanden ist ➟ falls nötig, etwas Wasser dazugeben ➟ Pfefferminzblätter untermengen ➟ mit Brot oder Reis servieren.

Rettich-Chutney
Mula ko Achar / Lain Achar

Zutaten:

1 Tasse zerkleinerter Rettich
1/4 Tasse Sesamkerne
1 Esslöffel Zitronensaft
1/4 Teelöffel Kurkuma
1/2 Teelöffel Bokskleesamen (Methi)
1 Esslöffel Öl
1/4 Teelöffel Salz
1/8 Teelöffel Chilipulver

So wird es gemacht:

☺ Rettich ca. 5 Minuten in Salzwasser kochen ➡ in ein Sieb geben ➡ abtropfen lassen ➡ in eine Schale geben ➡ Sesamkerne in einer Pfanne ohne Öl oder Fett rösten ➡ in einen Mörser geben und zerstampfen ➡ Sesampulver, Chili, Salz und Zitronensaft zum Rettich geben und gut mischen ➡ Öl in einer Pfanne erhitzen ➡ Bokskleesamen dazugeben und rösten, bis sie eine dunkle Farbe annehmen ➡ Kurkuma untermengen ➡ mischen und servieren.

★★★★★★★★★★

Maispastete-Fando

Zutaten:

1 Tasse frische Maiskörner
ca. 2 cm Ingwerwurzel, gehackt
1/4 Teelöffel Chilipulver
2 Esslöffel Butter, Öl oder Butterfett
1/8 Teelöffel Pfeffer

So wird es gemacht:

☺ Maiskörner und Ingwer in einem Mörser zerstampfen ➟ Butter, Öl oder Butterfett in einem Topf oder einer Pfanne erhitzen ➟ Maispaste, Chilipulver, Pfeffer und Salz dazugeben und gut mischen ➟ Topf zudecken und bei schwacher Hitze ca. 10 Minuten köcheln lassen ➟ heiß mit Brot servieren.

★★★★★★★★★★

Fisch-Chutney
Macha Achar

Zutaten:

500 g Fisch
500 g Tomaten, gehackt
2 Knoblauchzehen, fein gehackt
2 cm Ingwerwurzel, fein gehackt
1 Chilischote, längs halbiert, Samen entfernt und fein gehackt
je 1 Teelöffel Bokskleesamen und Salz
Öl zum Braten

So wird es gemacht:

☺ Öl in einer Pfanne erhitzen ➟ Bokskleesamen dazugeben und rösten, bis die Samen anfangen in der Pfanne zu springen ➟ alle anderen Zutaten (außer dem Fisch) dazugeben ➟ gut mischen ➟ braten, bis sie Farbe annehmen ➟ Pfanne beiseite stellen.

☺ Fisch braten und die fertig gebratenen Zutaten dazugeben und gut mischen.

★★★★★★★★★★

Einlegen in Essig

Eingelegte Pfefferschoten
Hairo / Bhede Achar

Zutaten:

125 g Pfefferschoten, längs halbiert, entkernt und in Scheiben oder Streifen geschnitten
125 g kleine Tomaten, in Scheiben geschnitten
2 bis 3 Zwiebeln, längs halbiert und in Scheiben geschnitten
150 g brauner Zucker
200 ml Essig
je 1 Teelöffel Nelkenpulver und Zimt
30 g Salz

So wird es gemacht:

☺ Pfefferschoten und Tomatenscheiben waschen und abtropfen lassen.
☺ Zwiebeln, Pfefferschoten und Tomaten in eine Schale geben und mit Salz bestreuen ➟ einen Teller oder eine Schale darauf stellen und über Nacht stehen lassen ➟ in ein Sieb geben und abtropfen lassen.
☺ In einen Topf geben und mit Zucker, Nelkenpulver und Zimt bestreuen ➟ Essig darübergießen und umrühren ➟ auf kleiner Flamme ca. 1½ bis 2 Stunden köcheln lassen ➟ in Gläser füllen und eine Woche stehen lassen.

✤✤✤✤✤✤✤✤✤✤✤

Eingelegte Auberginen
Bhanta Achar

Zutaten:

500 g kleine Auberginen
ca. 2 cm Ingwerwurzel, gehackt
25 g Chilischoten
2 Knoblauchzehen, mit etwas Salz und Essig zerdrückt
150 ml Essig
75 g Nussöl oder eine andere Ölsorte
50 g Zucker
je 1/2 Esslöffel Salz und Kümmelsamen
je 1/2 Teelöffel Chilipulver, Currypulver, Ingwerpulver und Garam Masala

So wird es gemacht:

☺ Die Stielansätze der Auberginen abschneiden, Auberginen waschen und in Scheiben schneiden (3 cm dick).

☺ Zerdrückte Knoblauchzehen, Ingwerpulver, Chilipulver, Kurkuma und Garam Masala in einen Mörser geben und zu einer Paste verarbeiten.

☺ Öl erhitzen ➟ Kümmelsamen dazugeben und 1 Minute rösten ➟ Gewürzpaste dazugeben und auf kleiner Flamme 1 bis 2 Minuten braten ➟ Essig, Zucker und Salz dazugeben und umrühren ➟ Auberginenscheiben, Chilischoten und Ingwerwurzel dazugeben und köcheln lassen, bis das Gemüse gar ist ➟ kalt stellen ➟ vor dem Servieren einen Tag stehen lassen.

✻✻✻✻✻✻✻✻✻✻✻

Variante 2

Zutaten:

500 g Auberginen
4 Knoblauchzehen, gehackt
1 Esslöffel Oregano
Olivenöl oder eine andere Ölsorte
Salz

So wird es gemacht:

☺ Auberginen schälen und in Scheiben schneiden ➠ salzen und 2 bis 3 Stunden in ein Sieb legen, damit die bitteren Säfte heraustropfen können ➠ die abgetropften Scheiben ca. 10 Minuten in den mit etwas Wasser verdünnten Essig legen ➠ in ein Sieb geben und abtropfen lassen ➠ in einen Steintopf oder ein Glas schichten, dazwischen Knoblauch und Oregano verteilen ➠ die Auberginenscheiben mit Öl bedecken und den Topf schließen ➠ eine Woche stehen lassen.

✻✻✻✻✻✻✻✻✻✻

Eingelegte Mango-Amp Achar

Zutaten:

4 Mangos (ca. 500 g), entkernt, geschält und gehackt
125 ml Essig
1 Tasse Zucker
1 Esslöffel gehackte Ingwerwurzel
1 bis 2 Teelöffel Chilipulver
Salz

So wird es gemacht:

☺ Alle Zutaten in eine Topf geben ➠ umrühren ➠ kurz zum Kochen bringen, dann auf kleiner Flamme 15 Minuten köcheln lassen ➠ so lange kochen, bis die Mangos saftig sind und die Soße dick ist ➠ vom Herd nehmen ➠ in eine Schale geben ➠ ein Glas vorwärmen ➠ Mangos in das Glas füllen und verschließen.

Eingelegte Rüben
Tori Achar

Zutaten:

500 g weiße Rüben
1 Sellerie
2 Knoblauchzehen
1 rohe rote Rübe (rote Bete), geschält und in Scheiben geschnitten
2 Esslöffel Salz
150 ml Essig
400 ml Wasser
1 Teelöffel Chilipulver

So wird es gemacht:

☺ Weiße Rüben waschen, schälen und vierteln ➟ in einen Steintopf oder ein Glas schichten, dazwischen Sellerielauch, Knoblauch und rote Beete legen.
☺ Essig, Chilipulver, Wasser und Salz verrühren und über die geschichteten Rüben gießen ➟ Topf zudecken und an einen warmen Platz stellen ➟ 10 Tage stehen lassen, danach servieren, innerhalb von 35 Tagen verbrauchen.

✽✽✽✽✽✽✽✽✽✽✽

Knoblauchsalz
Laun

So wird es gemacht:

☺ Einige Knoblauchzehen in Streifen schneiden und mit Salz mischen ➟ in ein Glas geben und stehen lassen, bis das Salz mit dem Knoblaucharoma gesättigt ist ➟ auf einem Backblech verteilen, Knoblauchstreifen entfernen, Salz im vorgeheizten Backofen trocknen ➟ trocken aufbewahren.

✽✽✽✽✽✽✽✽✽✽✽

Peruanische Küche
978-3-927459-76-2

Kambodscha Küche
978-3-927459-75-5

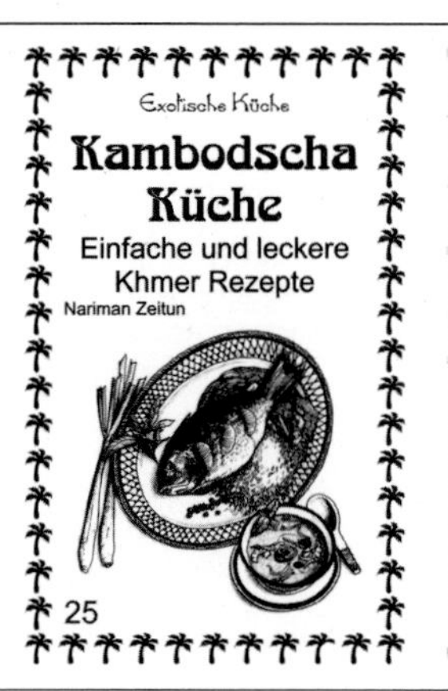

Exotische Küche
Venezuela Küche
Kochrezepte aus Südamerika, Kolumbien und Venezuela
Nariman Zeitun
26

Venezuela Küche
978-3-927459-74-8

Afghanische Küche
978-3-927459-73-1

Argentinische Küche
978-3-927459-72-4

Vegetarische Küche
978-3-927459-71-7

Exotische Küche
Vegetarische Küche
Fleischlose Kochrezepte aus drei Kontinenten Afrika, Amerika und Asien
Nariman Zeitun
29